RAINHAS DA ANTIGUIDADE: SEDUÇÃO E MAJESTADE

(Elisa, Cleópatra e Zenóbia)

Coleção Gente Pobre (romances):

1. INVENÇÃO DE ONIRA
Sant'Ana Pereira

2. A MULHER, O HOMEM E O CÃO
Nicodemos Sena

3. DEUS DE CAIM
Ricardo Guilherme Dicke

4. O SAL DA TERRA
Caio Porfírio Carneiro

5. GENTE POBRE
Fiodor Dostoievski

6. A MALDIÇÃO DE ONDINA
António Cabrita

7. SELVA TRÁGICA
Hernâni Donato

8. DIÁRIO DE UM MÉDICO LOUCO
Edson Amâncio

9. OS VENTOS GEMEDORES
Cyro de Mattos

Coleção À Margem da História (ensaios/estudos):

1. PEREGRINAÇÕES AMAZÔNICAS
Fábio Lucas

2. ESCRITORES BRASILEIROS DO SÉCULO XX
Nelly Novaes Coelho

3. RAINHAS DA ANTIGUIDADE
Dirce Lorimier Fernandes

Dirce Lorimier Fernandes

RAINHAS DA ANTIGUIDADE: SEDUÇÃO E MAJESTADE

(Elisa, Cleópatra e Zenóbia)

LetraSelvagem

Grafia atualizada segundo o Acordo Ortográfico da Língua Portuguesa de 1990, que entrou em vigor no Brasil em 2009.

Associação Cultural LetraSelvagem:
Praça Santa Cruz da Exaltação, 21 - Jd. Maria Augusta -
Taubaté-SP/Brasil - CEP 12.080-540. Telefone: (55) (12) 3635-3769.
E-mail: letraselvagem@letraselvagem.com.br
Sítio: www.letraselvagem.com.br

Diagramação: Cesar Neves Filho
Capa: James Cabral Valdana
Preparação de texto e revisão: N. Sena

O logotipo LetraSelvagem foi idealizado a partir de cerâmica Aruak, padrões utilizados nas bordas dos vasos, compilados por Koch-Grunberg em 1910.

Coleção À Margem da História
Organizador: Nicodemos Sena

Dados Internacionais de Catalogação na Publicação (CIP)
(LetraSelvagem, Taubaté, SP, Brasil)

Fernandes, Dirce Lorimier, 1937 -
Rainhas da Antiguidade / Dirce Lorimier Fernandes. — Taubaté, SP: LetraSelvagem, 2014.
160 p.
1000 exemplares

ISBN 978-85-61123-15-4

1. História. 2. História do mundo antigo.
I. Título. CDD 930

Coleção À Margem da História Vol. 3

Para

Norma, companheira
de todas as horas.

Agradecimentos a

Paulo de Assunção,
Nicodemos Sena
e Vanderlei Gianastácio,
pelo incentivo e amizade.

"A concepção de distância entre acontecimentos torna-se confusa e os fatos sobrepõem-se uns aos outros... quando todos os cálculos complicados se evidenciam falsos, quando os próprios filósofos não têm nada mais a nos dizer, é desculpável que nos voltemos para o gorjeio fortuito dos pássaros, ou para o longínquo contrapeso dos astros".

MARGUERITE YOUCENAR

SUMÁRIO

1

INTRODUÇÃO

Nas últimas décadas do século XX, a questão de gênero conquistou espaço no debate historiográfico impondo uma reavaliação do papel feminino em diferentes momentos da história da humanidade. As transformações materiais ocorridas no período pós-guerra favoreceram a intensificação do trabalho da mulher na sociedade em diferentes papéis que outrora ficavam restritos aos homens.

A participação das mulheres na vida civil, política e econômica variou conforme a cultura e tradição dos povos. Jean Bodin, ao discorrer sobre o papel feminino, destacou que, conforme a herança greco-romana e judaico-cristã, as mulheres foram confinadas às margens da vida civil, pois elas "*deviam ser mantidas à distância de todas as magistraturas, postos de comando, deliberações, assembleias públicas e conselhos, para que se ocupassem dos seus afazeres femininos e domésticos*".[1] Nestas culturas havia a convicção de que a mulher era potencialmente inferior ao homem na questão do mando e na condução da sua própria vida.

O mundo medieval europeu herdou o legado das civiliza-

[1] CRAVERI, Benedeta. *Amantes e Rainhas,* p.9.

ções clássicas, acrescido da herança cristã e do universo das tribos germânicas. No Oriente as civilizações antigas se compuseram com o islamismo e moldaram uma nova identidade. Em ambos os universos culturais, coube à mulher um papel de menor relevo e por vezes de total submissão.

As mudanças materiais da sociedade foram mais rápidas e mais intensas do que as alterações de mentalidades no decorrer dos séculos. Em pleno século XXI, em algumas sociedades, ainda se encontra viva uma mentalidade conservadora, por entenderem que o papel da mulher é secundário e evidenciando que as tradições são muito fortes e resistentes ao tempo.

Na atualidade, em diferentes partes do mundo, vive-se numa sociedade de direito, onde todos têm a possibilidade de participar ativamente no âmbito político. Este quadro outorgou à mulher o poder de abrir seu próprio espaço para conquistar os plenos direitos que outrora era prerrogativa masculina.

Apesar das dificuldades de as mulheres se afirmarem em patamar de igualdade, a história nos mostra que muitas delas tiveram um papel expressivo no jogo do poder, ganhando relevo e superando práticas e atuações de homens que sucumbiram ao enfrentá-las.

Neste trabalho temos como proposta evidenciar a trajetória de algumas personagens que atuaram em diferentes sociedades e que fornecem elementos para se compreender o quadro cultural que envolvia o papel feminino, muitas vezes depreciado em função da subjugação masculina, imposta em benefício próprio.

Observamos neste estudo alguns aspectos de tempos remotos, mais precisamente de sociedades livres dos tentáculos do *polvo*[2] que num período da era moderna se estendeu durante séculos, apreendendo sociedades inteiras numa mentalidade que conscientemente anulou a participação da mulher, com raras exceções, quando se tratou da nobreza. O objetivo deste trabalho biográfico é, num primeiro momento, retratar a rainha Elisa, que se obscurece no tempo e sobrevive como a *Musa de Virgílio*. Em seguida, discorremos sobre a célebre Cleópatra, a *Rainha do Nilo*, que se sobressai como amante dos imperadores romanos César e Marco Antônio, e foi responsável por grandes turbulências no império romano. Por último, nosso foco é a pujante figura de Zenóbia, a *Rainha do Deserto*, que se celebrizou ao ser derrotada por Aureliano. Mulheres que viveram em épocas, espaços e sociedades distintas, mas tinham em comum a força e a ousadia do enfrentamento com os homens e o poder instituído.

A antiguidade assinala em Elisa, Cleópatra e Zenóbia uma tríade de poderosas rainhas, cujo *status* foi adquirido em circunstâncias análogas, pois *"as mulheres das classes sociais elevadas sempre mantiveram os seus privilégios; eram regentes e reinavam na ausência dos maridos"*.[3]

O estudo do percurso político da princesa Elisa constitui um resgate de tempos pretéritos, quando se ofereciam sacrifícios cruentos a deuses poderosos, impregnando os templos com o odor de incenso; quando os intrépidos fenícios, ignorando os perigos marítimos, avançaram conquistando territórios, saqueando e escravizando os vencidos, crentes de que estariam sendo protegidos pelo deus nomeado, conforme a crença original, como Posseidon, Netuno, Tetis, Yamme; che-

---

[2] FRANCO, José Eduardo e ASSUNÇÃO, Paulo de. *As metamorfoses de um polvo*, Lisboa: Prefácio, 2004.

[3] BARROSO, Maria do Sameiro. A glória das mulheres de cabelos ondulados. Algumas reflexões sobre a História das Mulheres na Antiguidade. FE.CEM-UNL, Revista Faces de Eva. *Estudos sobre a Mulher*. N°16, 2009.

garam ao Magrebe — a região norte da África — fundaram Cartago e ali implantaram sua cultura e colocaram seus deuses Melqart, Dagon, Astart... no mesmo altar dos naturais. Por mais que se tente resgatar do sonho para trazer à realidade, a imagem da viúva de Siqueu se dilui, desaparece, restando apenas a Dido celebrada por Virgílio. Tal como Aspásia, descrita por Henrique Houssaye, Elisa "*desafia as investigações e foge à análise*" como personagem histórica.

Cleópatra, ao contrário, tem presença determinante na História. Esta rainha do Egito sempre seduziu a imaginação dos homens. Wertheimer afirma que "*ela foi a magnífica personificação desse enigma, a mulher, que a natureza destinou tanto para suavizar e ornar a vida como para destruí-la.*" Sua fama e admiração da posteridade não se devem apenas pelo fato de ter sido amante de e, talvez, amada por César e Marco Antônio, mas também pelo talento, pela concepção da moral da antiguidade, por pertencer à família dos Ptolomeus, e pela situação política excepcional.

Elisa e Cleópatra não devem ser olhadas sob o lume do cristianismo. Sob o manto do universo politeísta, como poderosas rainhas, elas foram deificadas e como tal viveram e governaram.

Zenóbia, a segunda esposa de Odenato II, cuja origem é obscura (dizia descender de Cleópatra), é citada como a rainha ambiciosa que sucumbiu ao poder romano. Zenóbia governou durante o início do ocaso da antiguidade, quando o cristianismo primitivo estava sendo superado pela organização eclesiástica impondo dogmas e práticas, tentando superar o judaísmo e o apego aos deuses da constelação grega, persa, fenícia e egípcia. Os patriarcas e doutores da futura Igreja iriam dedicar-se a uma perene campanha e a teses de persuasão com a finalidade de subjugar a mulher na sociedade familiar, matrimonial e social.[4]

Santo Agostinho e seus contemporâneos se dedicaram a pensar a mulher como um ser inferior, passível de seduzir o homem e induzi-lo ao mal, seguindo seus precursores Aristóteles, Platão e outros pensadores, e, quando a Santa Igreja Católica Apostólica Romana estava fortemente consolidada, o Padre António Vieira, dentre muitos outros religiosos, encara as figuras femininas da Bíblia e as santas da tradição cristã que tantas vezes constituem temas dos Sermões. Age conforme o pensamento da Igreja seiscentista, francamente misógina, e *Vieira não era o menos violento dos que denunciavam os erros do sexo considerado fraco,* conforme afirma Tom Earle da Universidade de Oxford.[5]

Contudo, o enfoque deste trabalho é a antiguidade da qual partimos para pensar sobre o papel dessas mulheres na História, especialmente na vida pública, fora da *oika* (casa), ambiente que as mulheres do entorno da nobreza continuavam dirigindo, ao mesmo tempo em que algumas privilegiadas atuavam em vários setores do saber.

Raras foram as civilizações antigas em que a mulher alcançou postos sociais importantes. No âmbito espacial, por

---

[4] Mesmo antes de surgir a Igreja, a mulher já vivia nessa situação. Nas genealogias do livro de Gênesis, não aparece o nome de mulher. Lá diz que tal homem gerou outro homem, por exemplo, Gên. 4:18, "a Enoque nasceu Irade, e Irade gerou a Meüjael, e Meüjael gerou a Metusael, e Metusael gerou a Lameque". Na época de Jesus, a mulher precisava permanecer em casa, em determinados cômodos dependendo do seu estado civil. Se fosse casada, podia ficar nos cômodos da casa com janelas para a rua, mas se fosse solteira, precisava permanecer nos cômodos de trás da casa. Também não era utilizado o nome de mulheres nas cartas endereçadas a elas. Utilizava-se o nome do marido, se viúva, do irmão, entre outras dificuldades que as mulheres enfrentavam nesse período. A Igreja apenas legitimou um costume.

[5] Ver: FRANCO, José Eduardo e CABANAS, Maria Isabel Morán. *O Padre António Vieira e as mulheres* — o mito barroco do universo feminino, São Paulo: Arké, 2008, p. 10.

exemplo, no Egito, encontramos vários modelos de mulheres ocupando altos cargos na política, ou no governo, e assombra (pela época), encontrar mulheres na função suprema de Faraó. Contudo, mais que um movimento feminista, é necessário ver ali um sinal da importância da teocracia na sociedade.

Nas outras sociedades, muitos têm sido os estudos sobre o papel da mulher ao longo dos tempos. Sempre inserida num universo de interesses masculinos, desde a antiguidade, a mulher tem exercido papéis ditos femininos, um quase ornamento na vida dos homens. Ao longo desta pesquisa, fomos percebendo diferenças quanto às obrigações legais das mulheres nas diversas sociedades e no tempo. A política e as religiões exerceram papel determinante, geralmente repressor, na forma de conduta da mulher na sociedade em relação ao homem, seu principal beneficiário, desde os tempos de glória da Grécia e da Roma dos Césares, por exemplo.

Fora do círculo de Elisa e de Cleópatra, na Grécia a situação feminina no âmbito social era ainda mais degradante, pois, não tendo personalidade jurídica nem política, sempre estava à sombra de uma figura masculina que se encarregava de tratá-las como uma possessão em todos os sentidos. Esta dependência gerava o analfabetismo, e, em muitos casos, as mulheres deviam se conformar com a educação recebida de sua mãe. As mães acabavam sendo consideradas sábias na época. Fato que ainda persiste em algumas sociedades modernas.

Quanto ao matrimônio, a mulher era objeto de troca, não somente do possuidor senão que geralmente se dotava com propriedades da parte do pai ao prometido para assegurar o acordo matrimonial, mais parecido a uma transação econômica. Como o último objetivo da procriação de futuros cidadãos da *pólis*, o gênero depreciado dava lugar aos infanticídios femininos e ao abandono de filhas. Devido a esta marginalização da mulher, surgiram diferentes grupos sectários cujos ritos excêntricos eram, às vezes, catalogados como satânicos; e adoravam-se entidades divinas que representavam forças da natureza ou sentimentos humanos benéficos ou não.

Em Roma a mulher era identificada como propriedade do homem, sem direitos políticos, nem mesmo civis, reduzida à denominação de "filha ou mulher de cidadão" sem nenhum tipo de personalidade jurídica que as distinguisse.

Esta situação social dava-lhe em Roma duas catalogações possíveis: segundo a velha moral, a mulher nada mais era que um instrumento para o cidadão e seu possuidor ou esposo, para quem ela servia como forma de consolidação de família e capital. Por outro lado, consideravam-na uma simples companheira na vida de um homem e como procriadora sem merecer nenhum tipo de valor a mais, posto que sempre estivesse subordinada ao marido.

A resistente hierarquia masculina era plenamente aceita na sociedade, sendo o homem possuidor tanto de sua mulher como de sua descendência e de seus criados. Houve exceções, conforme se verificará posteriormente, mas a mulher romana desfrutava de uma limitada liberdade que preservava sua vida social na companhia de seus criados ou suas amigas, sempre mediante relações discretas e breves com outras mulheres. Havia divórcio, mas só podia ser solicitado pelo homem e em situações muito distintas.

Tudo o que se afirma sobre a mulher nos parágrafos acima diz respeito à mulher na vida privada com a qual não nos ocupamos nesta breve reflexão. Nosso objeto são três soberanas, um elenco que contradiz afirmações sustentadas em juízo de valor sobre a mulher em qualquer tempo. Elas pertencem a espaços físicos e temporais singulares, vivendo circunstâncias peculiares, sendo necessário olhá-las ali, se pretendemos entender e assimilar os fatos. Estamos observando Rainhas: veracidade, mito e poder/sedução e majestade; a rainha/mulher na antiguidade, a rainha/mulher durante ou dentro do processo de implantação do cristianismo no âmbito do Império Romano.

....

Elisa, Cleópatra e Zenóbia, três mulheres que se apoderaram do trono devido à sucessão de fatos políticos. Apesar de cronológica e espacialmente distanciadas, elas têm em comum a coragem e a ambição ou atuação política. As duas primeiras, vivendo antes da era cristã, e a terceira, no século III de nossa era. Rainhas que se tornaram mito pelo lastro de imprecisões históricas que o tempo nos legou ao omitir fatos verídicos quando governaram sociedades que, de qualquer forma, elas refletem e representam.

No ano 850 a.C., Elisa parte de Tiro e chega à costa africana onde, ao longo do mar, conquista a máxima área de terra possível e estabelece o Estado de Cartago (hoje Túnis); mais tarde, a intrepidez do general Aníbal garante a expansão do pequeno território e também a sua derrota ao empreender a Terceira Guerra Púnica contra o exército romano comandado por Cipião — *Scipio Africanus* —, em Zama, cujo sucesso foi celebrado com a frase imortal: "*Delenda est Cartago!*" (Cartago está destruída).

Caminhando mais para o final dessa era, destacamos Cleópatra, que pertence a dois mundos. "*Por seus antepassados, que viveram no meio de riquezas, luxo e devassidão, o mundo egípcio-grego de Alexandria, que iria perecer com esta rainha faustosa e dissoluta.*" Por seus amantes, pertence ao mundo romano, que perdeu suas antigas virtudes ao contato com os povos subjugados, mas que conservou, apesar de sua corrupção e suas sangrentas discórdias, o orgulho de seu nome, sua indomável constância e sua férrea obstinação.

Zenóbia é acusada por seus críticos, principalmente por Maurice Sartre, em sua obra *D'Alexandre a Zénobie*, de haver participado da rendição e morte de seu marido, para se tornar rainha absoluta de Palmira. Conseguiu, mas por pouco tempo (270-272).

Perguntamos: cada uma destas mulheres corresponde a uma evolução da humanidade, tendo como foco inicial a cidade de Tiro, na Fenícia da época do Rei Davi, o hebreu, desembocando com sua carga cultural na Cartago fundada por Elisa? Alexandria e Roma, no tempo de César e Antônio? Palmira e Roma no tempo de Aureliano?

Trabalhando com a realidade, especialmente geográfica e histórica, com a ficção e o mito, destacam-se algumas semelhanças e diferenças: reger, na época de Elisa, num mundo de deuses, orgias e celebrações com sacrifícios cruentos, não era como reger o Egito durante a dinastia ptolomaica manchada pelo sangue de familiares vítimas da cobiça e da vingança de seus consanguíneos; governar a pequena Palmira, que abrigava uma sociedade culturalmente miscigenada por etnias e por religiões oscilando entre os credos provenientes da Fenícia, do Egito e da Grécia e o recente e mal estruturado cristianismo, mentalidades diferentes sob o poder de Roma, implicava conhecimentos: linguísticos, bélicos, método e habilidade para conviver e se manter no poder, sob o manto de amabilidades, prudência e fidelidade. Era preciso saber fazer/crer. Seduzir e manter a majestade.

Não obstante, governando uma sociedade adepta de diversos credos, Zenóbia foi acusada de apoiar o judaísmo, era pagã, adorava deuses, construía templos; Longino foi acusado de haver se convertido ao judaísmo por influência da rainha de Palmira. Esta acusação não deixava de ter suas razões, uma vez que, para concretizar as hipóteses, Zenóbia mandou restaurar uma sinagoga em Alexandria com seus próprios recursos. Paulo de Samosata foi acusado de receber influências judaizantes de Zenóbia, embora Maurice Sartre negue a ligação desse religioso devasso com a rainha, cuja referência mais antiga a respeito dele é a de Atanásio de Alexandria (296-373), que viveu mais de um século depois da época de Zenóbia (270-272).[6] Além disso, a prosperidade do reino de Palmira é uma ameaça à pretendida expansão alimentada pela ânsia de poder do Império Romano.

Adotamos dois planos para o desenvolvimento da proposta de estudo. Primeiro, a cronologia, depois o tema.

No plano cronológico, surge em primeiro lugar Elisa, a fundadora de Cartago. Na vida real, da dinastia desta fenícia pouco se conhece. Se pensarmos na forma como fugiu para a África, usando os critérios atuais, diremos que praticou pirataria. Se nos voltarmos para a descrição de sua morte, feita por historiadores, romancistas e poetas, ela foi suicida. Se adotarmos os critérios da antiguidade, Elisa é apenas uma heroína. Se pensarmos na imagem que deixou para a posteridade, Elisa é um mito com poder de governar a criatividade de seus admiradores que a tomaram por musa. Elisa é Dido,

---

[6] Maurice Sartre (op. cit.) apoia-se nos estudos de F. MILLAR, *Paul of Samosata, Zenobia and Aurelian: the Church, Local Culture and Political Allegiance in Third-Century Syria, JRS. 61, 1971, p. 1-17*; contra (sic) J. TEIXIDOR, *Annuaire du Collège de France, 1997-1998, p. 730-731, qui me semble accorder um crédt excessif à dês traditions dont la plus anciene, celle d'Athanase d'Alexandrie, est potérieure de plus d'um siècle à l'époque de Zénobie.* (nota 124, p. 982). Em suma, no diálogo entre os dois autores, Sartre discorda de J. TEIXIDOR pelo excessivo crédito que ela dá às tradições, cuja mais antiga é a de Atanásio de Alexandria (296-373), que viveu mais de um século depois da época de Zenóbia (270-272).

é rainha de Cartago, depende da imaginação e do enfoque de seus cronistas. "*A imaginação* — conforme definiu Gérard Lebrun — *não é um delírio e merece mais do que ser deixada por conta de uma patologia do erro ou de uma psicologia da associação... As ideias são inatas no homem.*"[7]

No campo da presumida veracidade, percorrendo os Livros dos Reis, é possível inferir que Elisa tenha sido descendente do célebre Hirão, rei de Tiro, contemporâneo e amigo do Rei Davi, sendo provável que descendesse de "*Etbaal (926 a.C.?) dos sidônios, que serviu Baal e o adorou*".

Cleópatra, em suas relações com os imperadores César e Marco Antônio, tem sua biografia explorada por diversos autores — historiadores, romancistas ou dramaturgos. Cleópatra, *a Rainha do Nilo*, tinha apenas 17 ou 18 anos quando chegou ao trono do Egito. Astuta e política, dedicou-se à salvação do Reino do Egito da dominação romana. Exerceu grande influência sobre os destinos do Império de Roma, em razão de suas relações amorosas com Júlio César e Marco Antônio, sem grande paixão, mas movida por interesses políticos. Da parte de ambos os seus amantes romanos, a recíproca parece ter sido verdadeira. Cleópatra pretendia tornar-se Imperatriz de Roma. Queria dominar todo o Mediterrâneo. O fracasso de tal determinação imoderada lhe causou medo, insegurança, humilhação e encorajamento para praticar o seu histórico e discutível suicídio.

No alvorecer do cristianismo surgia na florescente Palmira (na Síria) uma mulher que governou durante pouco tempo, mas notabilizou-se no âmbito da história de mulheres daquela época. Zenóbia, tida por Zósimo como a mulher mais perfeita de seu tempo, ignorando a autoridade romana, conquistou o seu império. Somente Aureliano, o grande imperador,

---

[7] In: SARTRE, Jean-Paul. *A imaginação*, São Paulo: Difusão Europeia do Livro, 1973.

sufocou a vaidade e ambição de Zenóbia, causando a morte política da mulher considerada "homem" pela sua coragem. Sua biografia é rica, mas breve. Sua história, comparando com a história de Cleópatra, ocupa menos espaço; nem por isso Zenóbia perde importância na galeria de mulheres astutas e corajosas; a vida de Zenóbia foi encurtada por seu imprudente e insaciável impulso expansionista.

O segundo plano consiste em observar analogias na maneira de proceder: todas, a princípio, são ambiciosas, aspiram ao poder; demonstram competência no que se propuseram a atingir e, às vezes, são imprudentes, perversas e orgulhosas. Elisa mata seus filhos, seguindo um costume da época; Cleópatra e Zenóbia defenderam a coroa de seus filhos.

São reflexões incompletas, em face da escassez de informações fidedignas, sendo a língua (árabe) uma das maiores dificuldades de acesso a essas informações. Parafraseando Marguerite Youcenar, "*quase tudo o que sabemos de outrem é de segunda mão... A existência dos heróis, tal como nos contam, é simples. Vai direta ao fim como uma seta.*" Compete ao cronista a busca da veracidade e da complexidade dos fatos.

O plano temático envolve atitudes inerentes aos seres humanos dotados de qualidades e defeitos: Elisa, ao que parece, governou com mais sutileza do que suas parceiras de trono. Não consta que tenha sido lasciva, pérfida, inescrupulosa como o foi Cleópatra; parece que seus cronistas, por falta de documentos, a tratam com alguma simpatia, ou benevolência, mais como um mito do que como uma rainha, avançando e detendo-se na história de Cartago e seu herói Aníbal, o desencadeador das Guerras Púnicas. Por isso, o estudo da trajetória desta personagem nos encaminha para duas vertentes: a História e a Literatura. Conforme pensa Flávio Loureiro Chaves (*História e Literatura*), "*há, pois, um momento privilegiado em que as paralelas se cruzam e a ficção imaginária ilumina a realidade insatisfatória que lhe deu origem*".

A rainha do Egito primou pela vaidade, ambição, lascívia, prodigalidade, habilidade, perfídia, autoritarismo, (in)escrúpulo e (im)piedade. Zenóbia sucumbiu a esses pecados capitais, mas não consta que tenha sido lasciva. Elisa, tendo fugido da Fenícia para se defender de seu perseguidor, mulher determinada, seria também dotada de vaidade, ambição, prodigalidade, habilidade, autoritarismo. A lascívia e a perfídia, conforme julgamos hoje, faziam parte da cultura religiosa e pagã local.

Para estruturar a parte histórica, seguimos a recomendação de Mario Curtis Giordani: recorremos aos clássicos. Tomamos como referência os Livros Sagrados (as Bíblias hebraica e cristã e o Corão). No Livro dos Reis II, citado por Madeleine Hours-Miédan, é possível localizar alguns nomes que talvez tenham dado origem a essa enigmática heroína. Ficando sua genealogia prejudicada. Esses livros esclarecem sobre a luta do monoteísmo sobre o politeísmo: "*E todo o povo da terra entrou na casa de Baal e a derrubaram, como também quebraram totalmente os seus altares e as sua imagens, e mataram Matan, o Sacerdote de Baal, diante dos altares... E todo o povo da terra se alegrou e a cidade ficou tranquila; e mataram Ataliáhu (Atalia) à espada junto ao palácio do rei.*" (Bíblia Hebraica, 2 Reis, cap. 11).[8]

Além destes livros, dentre a bibliografia consultada, foram importantes as narrativas e opiniões de filósofos e historiadores como Plutarco, Aristóteles, Césare Cantú e os poetas Virgílio e Camões. Os modernos que nos inspiraram foram Madeleine Hours-Meédan, o romancista historiador Nauaf

---

[8] Bíblia Cristã, Reis cap. 18: "Então todo o povo da terra entrou na casa, e a derrubaram como também os seus altares, e as suas imagens totalmente quebraram e a Matã sacerdote de Baal, mataram perante os altares: então o sacerdote pôs oficiais sobre a casa do Senhor". No Corão, Baal é citado na Surata XXXVII V. 125: "Invocais a Baal (ídolo dos pagãos) e abandonais ao Melhor dos senhores."

Hardan e o crítico Segismundo Spina; Jean-Pierre Vernant, Gilbert Durand e Oliveira Martins orientam sobre os mitos e os deuses cartagineses. Jean-Paul Sartre nos incita a refletir sobre a imaginação; Hesíodo aponta a origem dos deuses. A obra de Virgílio merece especial atenção, na parte literária do estudo, tendo em vista a importância de sua obra, *A Eneida*, em que a trajetória de nossa protagonista, Dido, valoriza a sua vida pessoal como guerreira; foge da ilha de Chipre e invade a costa africana.

Para o estudo da trajetória de Cleópatra, apoiamo-nos em traduções, mas principalmente na obra de Plutarco. São também importantes as obras de Henrique Houssaye, Oscar von Wertheimer, Erlie Bradford.

Para o estudo do caminho percorrido por Zenóbia como rainha de Palmira, os depoimentos de Zósimo são fundamentais, além dos trabalhos de Maurice Sartre, Kátia Curtis, M. Gaulikowski, Adnan Bounni e Khaled Alas Ad. A bibliografia é escassa, mas, dentro de tais limitações, procuramos estudar a evolução do papel da mulher rainha, ou rainha mulher, Cleópatra e Zenóbia, ambas comprometidas com o Império Romano.

Zenóbia surge no início da implantação do cristianismo que, num crescendo, acaba sendo adotado por Constantino, a partir de 311 de nossa era. Zenóbia ambula democraticamente entre muitas crenças, mas se perde pela imprudência ou falta de habilidade política.

2

ELISA, A RAINHA DE CARTAGO

Vocês, que escrevem, tomem um tema adequado a suas forças; ponderem longamente o que seus ombros se recusem a carregar, o que aguentem. A quem domina o assunto escolhido não faltará eloquência, nem lúcida ordenação.

(Arte Poética — 367-373 —, apud: Roberto de Oliveira Brandão, In: *A Poética clássica*: Aristóteles, Horácio, Longino, p.8)

Elisa, rainha e musa

O estudo da presumida história de Elisa nos leva a refletir sobre a criação literária inspirada em fatos reais complementando-os com a visão de mundo e poder criativo do escritor. Sobre História e Literatura, Jorge Luis Borges, ratificando a opinião de T. S. Eliot, ao lançar o conceito de *tradição*, centrada na cultura europeia, tem a seguinte opinião: "O fato é que cada escritor *cria* os seus precursores. Seu trabalho modifica a nossa concepção do passado e também há de modificar o futuro; e nesta correlação não importa a identidade ou a pluralidade dos homens."[9]

Marie Esther Maciel afirma que Octavio Paz continua as reflexões de Eliot quando questiona a *tradição* enquanto um legado a ser repetido resignadamente pelas novas gerações e se propõe a redimensioná-la a partir da ideia do novo. Mas delas se distancia, seja por considerar o passado como uma *recriação* do presente e não como uma permanência respeitosamente modificável pelo novo, seja por descentralizar a noção de tradição, transformando-a em um leque de passados e geografias diversas.[10]

Com base em tais opiniões, consideramos que os autores que se dedicaram ao estudo da trajetória de Elisa a redimensionaram, mediante a pluralidade do leque em que o passado e a geografia os estimularam.

Elisa, ou Alissar, ou Dido, a quem é atribuída a fundação de Cartago, ao Norte da África, onde hoje se localiza Túnis, a

---

[9] BORGES, Jorge Luis. Kafka y SUS precursores. IN: *Otras Inquisiciones*. Buenos Aires: EMECÊ, 1968.

[10] http://www.letras.ufmg.br/poslit/08_publicacoes_txt/ale_03/ale03_mem.pdf disponível em 03.05.2012.

capital da Tunísia, imortalizou-se como a musa de Virgílio.[11] Apesar de o tema exigir a necessária *eloquência e a lúcida ordenação* recomendada por Aristóteles na epigrafe deste trabalho, submetemo-nos ao desafio, tendo em vista a atração que a personagem tem exercido ao longo dos séculos sobre os historiadores por sua hipotética sabedoria. Poetas, escritores e renomados críticos têm dedicado a esta musa laudas enriquecidas pela arte, ou pela fervorosa discussão, focando-a como rainha ou musa.

A fundação de Cartago

Os lendários relatos e alguns dados históricos sobre a fundação de Cartago são imprecisos. Cartago surgiu no Ocidente, em fins do século IX a.C. Os cartagineses estabeleceram seus entrepostos e, em alguns casos, instalaram colonos em Malta, na Sicília (Motié, Lilibeu) e na Península Ibérica. Porém, a presença dos etruscos, e também dos fóceos[12] de Messália, deveria interditar-lhes a exploração do Mar Tirreno e do golfo de Lião.

[11] Virgílio: Publius Vergilius Maro (70-19 a.C.) Poeta latino, nascido em Andes, perto de Mantua. Filho de um empregado de fazenda, passou a infância no campo. Em Cremona, Milão Roma, estudou Retórica e Filosofia. Era doentio e arisco. Abandonou a carreira jurídica, entregando-se às Letras, tornando-se amigo de Rufo, Cornélio Galo, Asínio Polião e Horácio. Em 3 9 perdeu sua propriedade, confiscada em benefício dos veteranos de César. A publicação de *Bucólicas* lhe deu fama e a proteção de Mecenas. E foi compensado da espoliação sofrida por Otávio, o futuro Imperador Augusto. De 37 a 30 dedicou-se à composição das *Geórgicas* e depois à *Eneida,* à qual se empenhou até o fim da vida, sem ter tido tempo de aprimorá-la com os últimos retoques. No ano 19 empreendeu uma viagem à Grécia, a fim de conhecer o cenário de sua epopeia, mas sentindo-se doente, desistiu da excursão e retornou à pátria, indo a óbito dias depois, em Brundísio. Apesar de haver dado ordem a seus amigos para destruírem a *Eneida*, inacabada, Augusto os impediu de obedecer-lhe.

[12] Relativo à Fócida, região da Grécia, onde está o monte Parnaso e a fonte de Astália. (Dicionário *online* de Português. Existe Também Foceia (Phôkaia ou Fhocaea) cidade grega na Ásia Menor onde hoje se encontra a cidade de Foça ou Eskifoça, no golfo de Esmirna, na Turquia).

Os tírios levaram para Cartago sua forma de fazer comércio e ali prosperaram. A História menciona Cartago como a primeira república conquistadora e negociante, durante muitos séculos; tornou-se rica e preservou sua liberdade. Certamente, os cartagineses tiveram historiadores nacionais, porém, suas obras se perderam e torna este estudo incompleto.

Cartago só é referida pelos romanos e pelos gregos quando ela se liga à história dos seus países. O próprio Heródoto fez o mesmo, disse Aristóteles. Este, por sua vez, em sua *A Política*, dedicou-lhe algumas palavras no capítulo VII, dizendo que "*os cartagineses parecem ter tido também uma boa constituição política. Superior, sob diversos aspectos, às dos outros povos, ela se aproxima bastante, em certos pontos, da política dos lacedemônios.*"[13] Os cartagineses elaboraram inúmeras leis, tinham uma constituição "*e o que é notável, nunca se viu nela uma revolução ou um tirano.* [...]".

Diz que em Cartago a sucessão do poder não ocorria necessariamente da mesma família. "*Mas se existe uma que seja superior a todas as outras, é nela que os cartagineses vão buscar os seus reis, ao invés de escolher por grau de idade, numa casa de muitos males, conforme ficou demonstrado na república de Esparta*" assim como nas sucessões egípcias dentre outras.[14]

Refere a permissão de acumulação de cargos em Cartago, sendo ele, Aristóteles, contrário a tal prática, uma vez que "*um homem só poderá exercer bem um único ofício.*" Os cartagineses evitavam os inconvenientes do governo oligárquico, "*enriquecendo sucessivamente só uma parte do povo que habita as cidades dependentes da República.*"[15]

No entanto, não faz qualquer referência à fundação daquela Cidade-Estado, pelas mãos de uma mulher. É possível

---

[13] Relativo a Lacedemônia, também dita Lacônia ou Esparta, na Grécia Antiga ou o seu natural, ou habitante.

[14] Idem.

[15] Idem.

inferir que seja porque Aristóteles tinha uma opinião pouco lisonjeira à capacidade intelectual da mulher? Logo no capítulo I dessa obra ele diz que é preciso "*antes de tudo, unir dois a dois os seres que, como o homem e a mulher, não podem existir um sem o outro, devido à reprodução.*" Este fato tem o apoio da natureza, na necessidade da preservação da espécie, "*um ser que ordena e um ser que obedece. Entre os bárbaros a mulher e o escravo se confundem da mesma classe. Isso acontece pelo fato de não lhes ter dado a natureza o instinto do mando, e de ser a união conjugal a de uma escrava com um senhor.*"[16]

Com essas palavras, embora não estivesse se referindo especialmente a Elisa, Aristóteles desqualifica a opinião dos admiradores daquela princesa fenícia, que levou para Cartago os deuses que compunham o elenco de imaginárias e poderosas entidades providas de forças ocultas invocadas pelos fenícios.

Outro autor que nega a epopeia de Elisa é Césare Cantú. Diz que "*a tradição vulgar, contando que Dido, ou Elisa, fugiu de Sidônia* (Sidon) *para escapar a Pigmalião, seu cunhado* (não diz que era irmão) *que tinha assassinado seu marido, afasta-se sem dúvida da verdade histórica; porém ela indica, contudo, que discórdias civis na Fenícia obrigaram uma parte dos cidadãos a emigrar para o norte da África*", local de fácil acesso e comunicação com a Espanha. Diz ainda que "*a colônia personificada em Dido,* (sic) *obteve a preço de ouro licença para edificar uma cidade* (878), *numa posição tão favorável que bastava querê-lo para se tornar poderosa.*"[17]

Da mesma forma que Aristóteles, Césare Cantú enaltece o sistema de governo e de colonização dos cartagineses, adoradores do deus Melkart.

A religião dos cartagineses envolvia elementos líbios misturados às crenças fenícias. Elim, Aloim, Baalat, Melkart e

[16] Idem.

[17] CANTÚ, Césare. Op. cit., p. 426.

Dan são nomes semelhantes aos dos deuses fenícios. Rendiam culto a Baal-Moloc, o sol, chamando-o de o Eterno, o Antigo. Aprenderam com os africanos a adorar os ventos, o fogo, o ar e a terra.

A religião tinha um caráter avaro, melancólico. Praticavam crueldades. Césare Cantú lembra que Hercules ou Melkart inspirava neles grandes empresas, mas o esplendor resultante do sucesso era manchado por sacrifícios humanos renovados em épocas determinadas. Imolavam até aqueles que mais estimavam.

Oliveira Martins apresenta uma importante reflexão sobre "os cultos orgíacos", revelando os sentimentos religiosos provocados pela ideia dos deuses criadores; refere as orgias e as penitências com destaque para o culto de Moloch em Cartago. Com base nas informações de Deodoro, ele afirma que havia em Cartago uma espécie de escultura de Cronos (El-Moloch em ferro) de cujas mãos estendidas a vítima rolava sem dificuldade para o ventre do ídolo — era uma fornalha acesa. As mães depositavam ali, espontaneamente, os filhos e assistiam alegremente ao sacrifício. As labaredas secavam naturalmente alguma lágrima que por ventura tentasse rolar em suas faces, sufocando o instinto enquanto seus filhos ardiam. Este ritual com poder de abafar os ais das crianças abafava também "a humanidade dos crentes".[18]

O mesmo autor lembra que Astarte (Ishtar) em Cartago é a deusa do mundo inferior e da morte, que é uma destruição; era venerada com o celibato dos sacerdotes e a virgindade das sacerdotisas, pois a vida, ao contrário da morte que é estéril, é o *ato* da orgia sensual. O contrário pensavam os egípcios, para os quais a morte do corpo libertava a alma; a morte é a porta da eternidade. O culto de Astarte era terrível, pedia o

---

[18] MARTINS, Oliveira. *Mitos da religião*, São Paulo, Madras, 2004, p. 107.

sangue imaculado das donzelas; os sacerdotes eram eunucos, os fiéis submetiam-se à castração por devoção. As festas solenes implicavam orgias fúnebres; a alucinação da morte niilista provocava embriaguez, ais de desespero, soluços, agonia. Enfim, o autor se detém em pormenores tenebrosos, causando espanto e horror, ao leitor atual.

Giordani, que também considera um mito a história de Elisa, acrescenta que Baal Hammon, o grande deus de Cartago, o "Senhor das estrelas", correspondia ao EL dos fenícios. "*Este deus teve um renome terrível na Antiguidade, pois a ele é que os primogênitos de Cartago quer do gênero masculino, quer do feminino, eram queimados vivos, por ocasião de um voto individual ou coletivo*".[19]

Césare Cantú cita uma batalha em que os cartagineses foram vencidos por Agátocles e atribuíram o fato a um castigo impingido por Melkart "*porque havia algum tempo tinham sido pouco generosos nas ofertas que lhe tinham mandado a Tiro. Para aplacar a ira do deus, enviaram-lhe outras oferendas em profusão, despojando até os templos dos seus tabernáculos de ouro.*"[20]

Não satisfeitos, continua o mesmo autor, "*temendo que o deus se irritasse ainda por lhe imolarem, em vez de crianças filhos de boas famílias, desgraçadas criaturas compradas, sacrificaram-lhe duzentas das principais e, depois, trezentos homens que, perseguidos por diversos delitos, se ofereceram espontaneamente à morte*".

Homens se lançavam ao mar para aplacar a ira de Netuno, e os altares de Cartago viviam ensanguentados. Mesmo depois do século III, quando os ensinamentos de Jesus Cristo se fizeram presente ali, a superstição prevaleceu. Sessões de tortura, reuniões noturnas, superstições ferozes corroíam a alma daquela gente. Cartago era o centro da vitalidade e da ação.

Apesar das inúmeras peripécias, em 250 a.C., Cartago

---

[19] GIORDANI, Mário Curtis. *História da Antiguidade Oriental, p. 198.*

[20] CANTÚ, Césare. *História Universal*, op. cit., vol. 3, p.440.

havia atingido o auge da prosperidade. Seu comércio se expandia ampliando horizontes. A Cidade Estado prosperava, dando origem a uma aristocracia que, ao adquirir vastas propriedades, a urbanizou com a construção de ricos palácios. Esse triunfo, contudo, induziu os cartagineses a abandonar o caráter de tenacidade e beligerância com que se distinguiram os seus antepassados e eles foram se entregando à sedução dos pecados capitais (a gula, o luxo, a ostentação), enquanto pessoas ligadas à família de Aníbal, o general cartaginês, lutavam por conservar a herança que as marcara pela luta de seus ancestrais. "*Para alcançar a liberdade, autodeterminação e soberania, Cartago deveria tornar-se forte.*"[21]

Seus clamores, entretanto, não surtiram o efeito desejado. Apesar dos esforços e do heroísmo de Aníbal, Roma encontrou naqueles aristocratas os melhores aliados para guerrear contra a própria Cartago, a qual, tendo Aníbal partido para o oriente, ficou à mercê da expansão romana e, anos mais tarde, foi destruída por Cipião. Este fato, consumado em 146 a.C., negou à humanidade uma preciosa literatura, uma abundante fonte para o conhecimento desta empolgante história cultural e racionalmente ligada à História Antiga do Oriente Próximo, mais precisamente à história da Fenícia. Apesar disso, restaram vestígios arqueológicos.

Giordani salienta dois nomes entre os que zelosamente abriram novos horizontes nas descobertas arqueológicas relacionadas com a antiga história de Cartago: "*o Pe. Delattre, da Sociedade dos Padres Brancos de Cartago, o P. Cauckler, antigo diretor de Antiguidades da Tunísia. O P. Delattre efetuou durante meio século, com um zelo infatigável, a exploração da Cartago Antiga, dando particular atenção, sobretudo aos vestígios púnicos e cristãos. O produto desses trabalhos e do trabalho de seus sucessores, os padres Lapeyre e Feron, são conservados no museu dos Padres Brancos sobre a colina de S. Luís.*"

[21] HARDAN, Nauaf. *O Cartaginês,* São Paulo: Edicon,1984:37

Além desta importante informação, o autor acrescenta que as descobertas mais recentes revelaram que a destruição de Cartago pelos romanos não poupou apenas os túmulos, pois vestígios das fortificações foram encontrados em 1949 pelo general R. Duval.[22]

Há, portanto, elementos para a construção da História de Cartago, pelo menos quanto aos seus heróis, como a estirpe de Aníbal, o *General Cartaginês,* suas lutas, seu comércio e importância naquele contexto de disputas, sacrifícios humanos, perdas e glórias.

Elisa

Na vida real, da dinastia de Elisa pouco se conhece. Percorrendo os Livros dos Reis, é possível inferir que tenha sido descendente do célebre Hirão, rei de Tiro, contemporâneo e amigo do Rei Davi, sendo provável que descendesse de "*Etbaal (926?) dos sidônios, que serviu a Baal e o adorou*" (2 Reis, 16-33). Etbaal era pai de Jezabel (ou Jezebel ou Izébel) concedida em matrimônio ao amigo de Davi, Acabe (ou Acab ou Ahab), filho de Onri (Omri), que reinava o Norte de Israel (2 Reis 9-10). Atalia, filha deste rei Onri, e mãe de Acazias (Ahaziá ou Ocozias), foi casada com o rei de Judá. Esta sucessão de personagens bíblicas, como Acab, Jezabel e Atalia, já no século VIII, foi objeto das lutas dos profetas Eliseu e Elias contra a idolatria propagada na Fenícia. Desta sucessão é que anos mais tarde surgiu o soberano Mutto (Belo). A Bíblia cita um certo Matã, "*sacerdote de Baal, morto perante os altares*" (2 Reis, 23:17), mas não se pode afirmar que seja o mesmo personagem. Césare Cantú o refere como Badesor, enquanto outros autores como Baal-Asel, ou Baalmazzan II, ou Baalbezer II,

[22] GIORDANI, Mário Curtis. Op.cit., *p. 190.*

mas sempre como rei de Tiro, descendente de Acazias, filho de Atalia, da casa de Onri (2 Reis: 22-23).

Tiro havia alcançado pujança e notoriedade desde o reinado de Etbaal e Mutto, ou Baalbezer II, que enfrentaram ali numerosas intrigas políticas e religiosas que se intensificaram após a morte deste último. Este rei, cuja origem e trajetória merecem um estudo mais aprofundado, deixou dois filhos: Elisa e Pigmaleão, o herdeiro do trono.

Elisa, conforme já referimos em parágrafos anteriores, desposou seu tio Siqueu (ou Archebas) sacerdote de Melkart, o deus pagão. Siqueu foi assassinado por seu cunhado Pigmaleão. Temendo a fúria e cobiça de Pigmaleão, Elisa decidiu fugir, arrastando consigo um elogiável número de cidadãos, eles próprios acompanhados de muitas pessoas de seu entorno: marinheiros, empregados, escravos etc.

Partiram em seus navios e alcançaram Chipre, uma ilha controlada pelos fenícios. Também não surpreende que os emigrantes tenham encontrado boa acolhida. O Grão-Sacerdote da ilha partilhava das convicções e das esperanças da rainha Elisa e decidiu, juntamente com seus fiéis, acompanhá-la em seu exílio. Em sinal de reconhecimento, a rainha assegurou à posteridade desse aliado, na *"Nova Cidade, os benefícios e as prerrogativas do sacerdócio"*. A permanência de Elisa em Chipre não teve somente a vantagem de fornecer à futura cidade uma linha de sacerdotes, mas também bom número de esposas para os seus cidadãos. Com efeito, diz Madeleine Hours-Miédan que a rainha levou consigo, para povoar Cartago, muitas moças que cantavam nas areias da ilha, conforme um piedoso costume local.

Esta observação nos faz lembrar que, em sua obra *Teogonia — A origem dos deuses*, Hesíodo cita Chipre no verso 199. Desta citação, surgem os debates dos cronistas, em busca da origem de Afrodite, deusa grega, mais antiga do que as demais deusas, cujo nascimento é descrito ali, conforme o tema de procedência oriental sobre a mutilação de Urano. Com o epíteto de Anadiômene, a saber, "*a que surge*" das ondas do mar, de um famoso quadro do grande pintor grego Apeles (Sec. IV a.C.), tão logo nasceu, a deusa foi levada pelas ondas ou por Zéfiro para Cítera e, em seguida, para Chipre, onde foi acolhida pelas Horas, vestida e ornamentada e, em seguida, levada à mansão dos Olímpicos.

As moças que cantavam na areia da ilha onde aportou Elisa estariam seguindo o costume citado por Hesíodo ao encerrar o poema arcaico, conforme o classifica o crítico e tradutor Jaa Torrano: (versos 965-968 e 1021-1022):

> *"Cantai agora, a grei de Deusas, vós de doce voz*
> *Musas olimpíades virgens de Zeus porta-égide:*
> *Quantas deitando-se com homens mortais*
> *Imortais pariram filhos símeis aos Deuses. [...]*
> *Cantai agora, a grei de mulheres, vós de doce voz*
> *Musas olimpíades virgens de Zeus porta-égide."*[23]

[23] HESÍODO. *Teogonia – A origem dos deuses*. Estudo e tradução de Jaa Torrano, 3ª Ed., São Paulo: Iluminuras, 1995. Afrodite é uma divindade de características orientais, cujo culto foi provavelmente introduzido na Grécia pelos fenícios, a partir das suas feitorias. Uma delas estabeleceu-se na ilha de Cítera, próxima do Peloponeso. Os fenícios tiveram também uma colônia em Pafos, Chipre. Afrodite e seu culto de origem semita parecem ter tomado, na Grécia, o lugar da deusa indo-europeia Eros, a Aurora. Ainda que tenha sido identificada com a Afrodite grega, o nome romano de Vênus parece ser etimologicamente relacionado a Eos e sua equivalente indiana, Ushas. Já o nome "Afrodite" parece derivar do nome de alguma divindade hitita relacionada à semita Istar, Astarot ou Astarte, com a qual Afrodite foi frequentemente assimilada.

Figura 1: *Afrodite Anadiômene*, inspirada em pintura de Apelles Adicionada por Ictoon é a deusa grega do amor, do prazer e da beleza, identificada pelos romanos como Vênus. A murta, a romã, a maçã, a pomba, o pardal e o cisne são consagrados a ela.

Fonte: http :\\ptfantasia.wikia.com *Aphroditê* (Acesso em 27.03.2012).

Apesar dos esforços dos mitógrafos, no sentido de helenizar Afrodite, esta sempre traiu sua procedência asiática. Com efeito, Hesíodo não é o único que estampa as origens orientais da deusa. Virgílio evidencia essa ascendência n'*A Eneida*: sua proteção e predileção pelos troianos e particularmente por Enéias, fruto de seus amores com Anquises, denotam claramente que Afrodite não tem características gregas. Certamente, pertencendo a tal contexto (espacial e temporal\religioso e cultural) e conhecendo a importância do costume, Elisa contemplou convenientemente as já citadas moças que cantavam nas areias da ilha.

Elisa chega à costa africana

Após um longo périplo, Elisa e seu séquito chegaram à costa africana em um ponto que não foi escolhido ao acaso, certamente, pois lá já existia um assentamento fenício, cujo nome é desconhecido. Elisa batizou este lugar como "*Qart Hadasht*" (a Nova Cidade).

Assim que desembarcou, conforme a lenda, Elisa entrou em contato com os nativos e obteve de Jarbas, rei da Mauritânia, a concessão de toda a terra abrangida pela *pele* de um boi.

Figura 2: Visão geral da Isoperimetria, por Mark Ashbaugh & Rafael Benguria. "O tema isoperimetria tem uma história longa e movimentada, tanto por seu impacto sobre a imaginação das pessoas e da sociedade em geral e para o impulso que tem dado ao estudo de vários assuntos matemáticos".

Fonte: http://math.arizona.edu/~hermi/dido.html. (Acesso em 15.05.2012).

Astuta, a rainha fez cortar a pele em tiras muito estreitas e com elas fez circundar um território onde seus companheiros e ela mesma puderam se estabelecer.[24] Elisa terá sido a precursora do cálculo variacional? Isto é apenas um mito? Tem mais a ver com a simbologia feminina associada à cidade de Cartago?

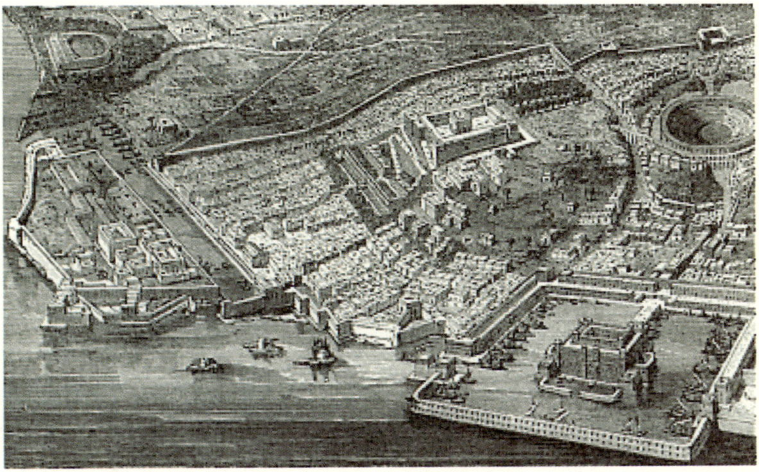

Figura 3: Elisa funda inicialmente a cidadela de Birsa, que quer dizer couro. **Fonte**: http://math.arizona.edu/~dido/utica.JPG

Cartago

Assim surgiu a cidade de Cartago, onde Elisa organizou comércio com os naturais, atraídos pelo renome desta rainha e pelo prestígio de seu séquito; eram os habitantes de Útica, colônia fenícia distante alguns quilômetros. Na concepção de Virgílio (Livro IV), a rainha Dido (Elisa) levou consigo a prata e o ouro que herdara de Siqueu e as pessoas descontentes ou

[24] CIRLOT, Eduardo. *El libro de Cartago*, Barcelona: Igitur, 1998. http://www.revistadelibros.com/articulos/algo-con-forma-de-alguien. Disponível em 10.11.2012.

temerosas do arbítrio de Pigmaleão; ao chegar às costas da Líbia, em Birsa, ordenou a construção de uma cidade banhada pelo Mar Mediterrâneo, que se chamaria Cartago (Cártago).

Cartago florescia, tornara-se rica e a influência da rainha aumentava. Jarbas, atraído por tanta grandeza, decidiu pedir Elisa em casamento. A rainha não podia recusar, pois o rei era poderoso e ameaçador, e a cidade de Cartago não estava ainda em condições de resistir a uma guerra; Elisa precisava ganhar tempo. No final de três meses, diz a lenda, a rainha fez levantar uma grande fogueira na porta da cidade, decidida a se oferecer em sacrifício à alma de seu esposo Siqueu. Após haver imolado numerosas vítimas, ela se jogou na fogueira. É assim que Madeleine Hours-Miédan, baseada em Timée, historiador siciliano, narra a fundação de Cartago. É evidente que esta narrativa, ainda que lendária, comporta sólidas bases históricas.

O nome de Pigmaleão, usado em Cartago, foi encontrado em inscrições. As narrativas históricas a respeito de Cartago e de Tiro são comprovadas pelo fato de que, a cada ano, uma embaixada ia prestar tributo à pátria, por ocasião da festa de Melkart. O culto a Melkart, elevado em Cartago, é mencionado numa narrativa intitulada *Acherbaas*. O sacerdócio hereditário, o arrebatamento das virgens e a importância do elemento cipriota na cidade púnica[25] são indicados pelo relato do patriarca de Chipre. Cartago pagou tributos aos reis nativos durante quatro séculos.

O culto a Elisa, enfim, é mencionado até no momento da queda de Cartago, ou seja, sete séculos após o sacrifício da rainha, num templo situado perto da porta de entrada da cidade. Existem a oeste do porto, nas ruínas de Cartago, indicações

---

[25] Púnica: guerra entre Cartago e Roma. A primeira Guerra Púnica foi comandada pelo cartaginês Amílcar Barca, pai de Aníbal, o Grande.

recentes sobre o local de sacrifícios daquela época. Após a última Guerra Púnica, no local de sacrifícios, foi erigido um santuário fenício pelo menos quatro séculos após a fundação da grande cidade púnica.

O fim de Cartago e de seus habitantes é construído de forma trágica pelo escritor Nauaf Hardan. Sobre Elisa, que ele nomeia como Alissar, talvez lembrando a terrível *Medeia* a trucidar os próprios filhos diante de Jasão, seu marido, diz o autor que, enquanto labaredas imensas consumiram a cidade, "*virou-se então para os filhos e, tomando-os nos braços novamente, beijou-os com afeto. [...] um após o outro, ela os atirou ao fogo. Ambos gritaram com estridência durante algum tempo, e depois foram silenciando... [...] O vento soprou brincando com o vestido da princesa que ainda se mantinha de pé, e seus cabelos soltos pareciam instigar ainda mais a fúria do fogo que, dançando ao seu redor, chamuscava suas faces e seu corpo todo. [...] Alissar recuou aproximando-se mais da fúria das chamas que já a cercavam toda, enquanto sorria ironicamente olhando para os romanos.*" Inclinou-se à procura do que restava de seus filhos. "*Segurou-os à altura do peito, dois pedaços de brasa, e caiu sobre eles.*" [26] Nesta versão de um sírio libanês, a heroína luta contra um marido covarde.

[26] HARDAN, 1984:614-5

Figura 4: Ruínas de Cartago.
Fonte: http://www.legourrierec.tk
Disponível em 11 de fevereiro de 2007.

Homem inescrupuloso (o mesmo Asdrúbal com o qual Elisa não quisera se casar no relato de Madeleine Hours-Miédan), favorável ao inimigo. A autora francesa Madeleine Hours-Miédan e o escritor libanês Nauaf Hardan são unânimes na interpretação dos fatos. Seria uma influência do olhar virgiliano?

Dido, a musa de Virgílio

A rainha de Cartago inspirou a obra de Virgílio e se imortalizou no universo literário. Na verdade, trata-se da epopeia do herói grego Enéias, mas Dido torna a obra mais atraente. *A Eneida* inicia-se com a viagem do exilado Enéias, o único herói que se salvara da destruição de Troia.

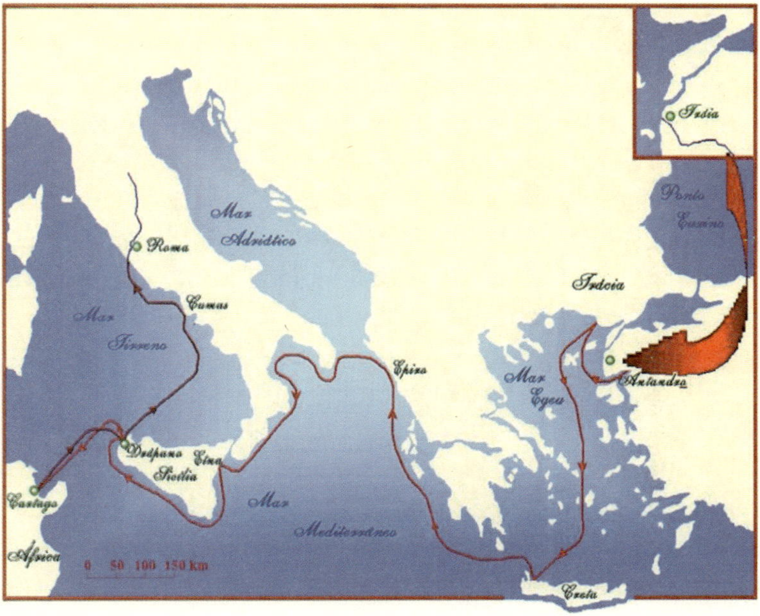

Figura 5: Mapa das regiões em que se desenvolve a ação d'*A Eneida*.
Fonte: Públio Virgílio Marão — *A Eneida* (trad. Nicolau Firmino), Lisboa: Livraria Simões, 1955, p. 10.

Na companhia de alguns combatentes, escreve Virgílio, Enéias percorre terras à procura da grande pátria que os deuses lhe prometeram. Ocorre uma grande tempestade e o herói é atirado nas costas africanas, onde Dido (Elisa) o acolhe. Apesar do amor que os uniu após esse contato, Enéias não pôde *"subtrair à fatal vontade divina"*.

Os planos narrativos de *A Eneida*

O que quer que conjeturemos neste sentido, a relação de Enéias com o dever, com o destino, o sofrimento demonstrado, ou não, ao abandonar Cartago, leva a refletir sobre a obrigatoriedade de o herói cumprir sua missão, uma questão que não poderia fugir das normas épicas. Contudo, sob o ponto de vista da rainha de Cartago, sobrepõem-se os aspectos trágicos que determinam a sua evolução e o próprio episódio. Este, aproximado ao modelo trágico e à épica.

Os planos narrativos empregados na evolução desse episódio constituem recurso a elementos próprios do subsistema da tragédia. Um recurso iniciado logo no Livro I, que, se bem observado, implica a sutil transposição do plano épico para a tragédia.

Sob esta ótica, o Livro I contribui para o desenvolvimento do episódio de Dido, no âmbito da tragédia. Por exemplo, o encontro entre Vênus e Enéias, um afastamento da convenção épica, facultando o desenvolvimento da história que envolve Dido, em sentido trágico, intercalada pelos episódios narrados ao logo dos Livros II e III, do épico virgiliano. Os resultados dessas narrativas estão situados no Livro IV, onde se desenvolve a verdadeira tragédia da rainha de Cartago. Ao longo desse Livro, Dido percorre paulatinamente todas as etapas pelas quais passaram algumas heroínas, que coincidem com os cinco atos de uma tragédia. A tragédia de Dido lembra Fedra (*Hipólito* de Eurípedes) e Hermíone (*Andrómaca* de Eurípides).

No Livro IV d'*A Eneida*, a primeira dessas etapas consiste na exposição que a rainha faz a respeito de seus sentimentos à sua irmã Ana; isto porque, embora não sendo um recurso apenas do âmbito da tragédia, o diálogo entre ambas se encaminha para tal fim. Dido teme ser punida por descumprir a promessa de fidelidade a Siqueu. Ana, por sua vez, ao incentivar a paixão, colabora para a ruína da irmã.

Entre a revelação dos sentimentos e a consumação deles há o conluio divino entre Vênus e Juno e, de acordo com a tradição trágica, embora determine a união dos heróis, o papel das deusas é fundamental na definição do destino da rainha. Os efeitos do enlace no Livro IV, que podemos classificar como *segundo ato*, no decurso da providencial caçada, cuja descrição é presa a uma perspectiva clássica, consiste numa antítese entre a felicidade de Dido e a amargura que a levou à morte, ignorando estar presa a um jogo divino, ao destino. Este, um elemento presente tanto na épica como na tragédia, é introduzido pelos avisos de Mercúrio em obediência às ordens de Júpiter, impondo a Enéias o dever de abandonar Cartago.

Secretamente, Enéias dá início aos preparativos da partida. Esta partida representa, para Dido, uma brusca mudança no seu destino e o conjunto dos episódios que tal percepção implica pode ser considerado o *terceiro ato* da tragédia.

Dido ainda tenta reter o amante em Cartago, solicitando à irmã Ana que peça ao herói sua permanência pelo menos até que haja boas condições de navegabilidade, mas a recusa de Enéas precipita a catástrofe: *"Então, a desventurada Dido, aterrorizada perante o seu destino, invoca a morte"*.

Na sequência, as ações se precipitam para consumar a tragédia previamente anunciada. O desejo de morte é reforçado pelos motivos expressos pela rainha, que seguem as fórmulas do discurso trágico como o prodígio, a voz sobrenatural de Siqueu, a lembrança de antigas predições e os sonhos através dos quais se chega ao clímax de uma progressão dramática, constituída por tensões sucessivas e diálogos encadeados; estes ligam a agitação do início à tranquila cena final, quando Dido põe em prática o desejo de morte, que constitui o *quarto ato* dessa tragédia.

Na tentativa de reconquistar Enéias e apelando para artes mágicas, a heroína pede a Ana que, no centro do palácio, prepare uma pira e coloque ali as armas do herói. Atendendo ao seu pedido, Ana precipita a morte da irmã. É o *quinto ato* da tragédia e a rainha dá início ao ritual de sua própria morte. Faz oferendas, invoca os deuses, implora justiça e vingança. Em seguida, fere-se de morte cravando no coração a própria espada de Enéias. Tal ambiente é o da própria tragédia grega. Diante da longa dor, antecedendo a morte, Juno se *apieda* e ordena a Íris que abrevie aquele sofrimento.

É possível inferir que o quadro em questão não constitua verdadeiramente uma tragédia, pelo fato de a rainha não haver se mantido fiel a Siqueu, o marido morto. Ficamos, então, diante do dilema: o destino dela tem efeito de tragédia? Que sentimento causa ao leitor esse relato? Contrastando com a trajetória de Enéias, a intenção de Virgilio seria atingir os efeitos da não realização de uma obrigação épica?

Os críticos de *A Eneida*

É de Aristóteles a resposta: "*é a tragédia a representação duma ação grave, de alguma extensão completa, em linguagem exornada, cada parte com o seu atavio adequado, com atores agindo, não narrando, a qual, inspirando pena e temor, opera a catarse própria dessas emoções.*"[27]

Contudo, em sua observação sobre a estrutura da tragédia, neste caso, pelo fato de a personagem honesta estar passando pela fase de feliz a infortunada, "*não inspira temor, nem pena, senão indignação*", diz Aristóteles. Trata-se de um evento patético entre pessoas que se querem bem, mas o herói se deixa levar pela razão em prejuízo dos sentimentos de ambos os amantes.

Na opinião de Segismundo Spina, Vergílio (sic) rejuvenesceu Enéias, dando-lhe o semblante do filho de Ascânio, a fim de que Dido se apaixonasse pelo herói. "*O estratagema usado*

[27] Ver: ARISTÓTELES, *A poética clássica*: Aristóteles, Horácio, Longino, p. 24.

por Cupido, ainda que possível porque os deuses podem tudo, tornou-se inaceitável poeticamente, isto é, inverossímil. O que esperava acontecer o leitor do seu poema?"[28] Pergunta o crítico. Que Cupido lançasse no coração de Dido uma de suas certeiras flechas? Virgílio iludiu, assim, a expectativa do público; Virgílio infringiu a verossimilhança; saiu do habitual, do cotidiano. Na opinião desse crítico, *A Eneida*, um poema artisticamente elaborado, adota técnica diferente, por isso, e foi, "*como foram quase todas as criações dramáticas da Antiguidade clássica, vítima da férula impiedosa dos críticos e teóricos. Perdoa-se menos uma contradição ou uma inverossimilhança em Vergílio do que em Homero.*" Este já estava consagrado por Aristóteles.

Roberto Mascarenhas Roxo nos socorre nesta discussão ao afirmar que "*Homero era o clássico por excelência, símbolo da grandeza épica helênica*" e Virgílio o romanizou fazendo d'*A Eneida* a continuação romana da *Ilíada*. Na opinião desse autor, "*a glória de Roma, fundada por Enéias, é a realização das promessas dos deuses porque aos descendentes de Enéias é Ascânio e Homero é Julo ou Júlio, na tradição virgiliana.*" Assim, "*Augusto é o realizador do império prometido a Enéias. Propércio igualmente revive lendas homéricas endereçando-as a Augusto.*"[29]

Trata-se de uma literatura preciosa e fecunda, mas geradora de uma confusa mistura de história-mito que a ciência grega tanto lutou por separar. A literatura agustal (63 a.C.-14 d.C.) reingressou pelas mãos de Virgílio na idade pré-científica.

Jean-Pierre Vernant pergunta se "*os mitos e a mitologia nas formas que a civilização grega lhes deu devem ser vinculados ao campo da religião ou ao da literatura?*" Ou ao da História? Perguntamos nós.

O próprio Jean-Pierre Vernant responde que, "*para os eru-*

[28] Ver: SPINA, *Introdução à poética clássica*, p. 111.
[29] ROXO, *Pomponius Mela e De Situ Orbis, 2005, p. 29.*

ditos do Renascimento, como ainda para a grande maioria dos cientistas do século XIX, a resposta é evidente. A religião grega é, primeiro, aos olhos deles, esse tesouro, múltiplo e abundante, de narrativas legendárias que os autores gregos, sucedidos pelos latinos, nos transmitiram e no qual o espírito do paganismo permaneceu suficientemente vivo para oferecer ao leitor de hoje, num mundo 'cristão'*, o meio de acesso mais seguro à compreensão do que foi* o *politeísmo antigo.'*[30] Por isso mesmo é que a fundadora de Cartago se torna deusa aos olhos dos cartagineses.

Spina, procurando aspectos negativos da obra, afirma que cupido lançou flechas venenosas no coração de Dido ao transfigurar Enéias em Ascânio e isto é inverossímil "*porque deixa de ser aquilo que o público espera suceder.*"

No prefácio de *A Eneida*, G. D. Leoni, supostamente dialogando com o parecer de Spina, parece justificar Virgílio que, ao pintar ou descrever o seu tempo, ele o interpreta, tornando-se alma daquele ambiente espiritual. Virgílio *"é o poeta no sentido mais amplo e mais exato da palavra, pois que ele é o indicador e o profeta. A admiração que, ainda vivo, o povo lhe prestava, parecia saudar nele o gênio da estirpe: os elogios de Horácio e de Propércio mostram o reconhecimento de uma grandeza por parte de quem mais amiúde é levado a invejar antes que admirar"*. E da admiração à idolatria há pouco espaço. A vida de Virgílio foi envolvida na lenda e, por isso, "*a lenda fez de Virgílio, na Idade Média, um ser sobrenatural.*"[31]

Mesmo inacabada, *A Eneida* consagrou o seu autor. Dizem os seus biógrafos que ele compunha com muita lentidão, e os dez anos a que se dedicou à estrutura dessa obra foram insuficientes para dar-lhe os contornos finais e alcançar a esperada perfeição. Sua obra mais perfeita foram as *Geórgicas* e n'*A Enei-*

---

[30] O grifo é nosso. Seria mais sensato substituir cristão por monoteísta.

[31] VIRGILIO. *A Eneida,* Livro IV, prefácio, p. 17. Celebrada também por Camões, *A Eneida* está presente no canto IX de *Os Lusíadas.* "Tal manha buscou já pera que aquele/Que de Anquises (Œnéias) pariu [...]."

da encontram-se cinquenta e seis versos imperfeitos, sendo os livros segundo, quarto e sexto os mais perfeitos. Consciente disso, o poeta "*deixou escrito no testamento que se queimasse o manuscrito*" d'*A Eneida*. Augusto ou Caio Júlio César Octaviano Augusto (63 a.C.-14 d.C.), primeiro imperador romano, opôs-se a esta vontade expressa. Com tal decisão, acabou legando à humanidade uma obra que, na verdade, espelhava a vontade do autor quanto a divulgar o pensamento do imperador: "*A paz, a volta para a terra, a eterna missão civilizadora de Roma*."

Assim, torna-se para sempre lembrado na memória dos homens o mito de Elisa recriada em Dido, a imortal. Se nos anais da História a figura de Elisa é um enigma, ela se eternizou ao ser tornada musa de poetas e escritores seduzidos pelo mistério que o tema comporta.

Muito haveria ainda para comentar a respeito da obra de Virgílio e da polêmica personagem, assim como sobre a hipotética trajetória de Elisa na vida real se não fosse a carência documental, pois a história como conhecimento verdadeiro deixa aqui uma lacuna que é preciso ainda preencher. A História deve estabelecer as especificidades do conhecimento enquanto operações técnicas, que não são unicamente a escritura, mas também a construção de um objeto, no caso a atuação de Elisa como rainha de Cartago, a eleição de um instrumento analítico, o jogo de hipóteses e de comprovações. Hipóteses há muitas, neste caso, mas o tempo desgastou as comprovações. Restam vestígios arqueológicos como marcas desse passado que tanto nos atraiu para elaborar este estudo oscilando entre História e Literatura.

Quanto à sua rainha, o que têm feito os historiadores? E os escritores e poetas? Talvez, parafraseando Saramago ao descrever o *Cerco de Lisboa*, "*a história que chamam verdadeira, tenho de inventá-la eu próprio, outra para ser falsa, e falsa para ser outra*".

Eles (historiadores, romancistas e poetas) foram ao longo do tempo juntando hipóteses e criaram outra história, a história de Elisa. Assim fez Virgílio, demonstrando que a Literatura é historicamente condicionada. Empregando sua verve, naquele momento em que se encontrava privilegiado política e culturalmente, criou esta epopeia que incomoda alguns críticos mais exigentes, mas enaltece a literatura ocidental.

Ao contrário de Elisa, Cleópatra, a personagem objeto do capítulo seguinte, marcou sua trajetória com pegadas firmes. Apesar da pretensão de cineastas, escritores, poetas de a tomarem como mito, atribuindo-lhe qualidades que fogem da realidade, os historiadores encontram nos anais os fundamentos necessários para ressuscitá-la como mulher e como rainha, como se verifica em sua biografia.

3

CLEÓPATRA, RAINHA DO NILO

Cleópatra não foi uma grande rainha.
Se tem uma fama imortal,
é porque foi heroína da mais
dramática novela de amor da Antiguidade.

Henrique Houssaye

Cleópatra: Amores e Controvérsias

Cleópatra foi, sem dúvida, sujeito de sua própria história. Tornou-se personagem lendária, explorada pelo cinema e pela literatura, exemplo de uma coragem e ambição inigualáveis. Descendente de muitos reis, sua vida foi dedicada ao seu país, o Egito, e à tentativa de preservar a soberania do reinado da dinastia ptolemaica, à qual ela pertenceu. Consta que foi a sétima rainha egípcia com esse nome, mas não se pode, contudo, afirmar com certeza se em suas veias corresse sangue egípcio. De sua linhagem foi a primeira a aprender o idioma do país que governou. Diziam os romanos tratar-se de mulher sedutora, astuta e sensual. Como na história de Cartago, os relatos sobre as conquistas que circularam pelo ocidente foram escritos pelos romanos conquistadores. Assim, as aventuras de Cleópatra foram muitas vezes deturpadas por poetas e historiadores que, conforme o costume, eram patrocinados pelo poder imperial, um encômio (gr. *egkômion)* sobre as vitórias de Augusto. Por isso, retrataram as mulheres que ousaram impedir o domínio romano sobre o Mediterrâneo como sendo diabólicas, traiçoeiras e excessivamente lascivas.

Percebe-se que os biógrafos de Cleópatra se basearam principalmente em Plutarco. Bradford afirma que "*os últimos dias da última rainha ptolemaica do Egito foram bem documentados, pois Plutarco teve acesso a um registro deles, agora infelizmente perdido, que fora escrito pelo médico particular dela, Olimpo.*"[32]

---

[32] BRADFORD, Ernle. Op. cit., p. 349. São também importantes autores da literatura antiga, como: Ariano, Políbio, Dión Cássio, Diodorus, Apiano, Júlio César, Estrabão, Suetônio Josefo, Nicolau de Damasco e Lucano, além dos poetas da época: Atênaios, Veleio Patérculo, Salústio, Ovídio, Plínio, Juvenal, Horácio e Floro.

E Cleópatra tornou-se conhecida também como mulher capaz de praticar qualquer sorte de crueldade e até de assassinato para defender o trono e seu reinado, e isto basta para que os críticos ignorem práticas romanas, cujos líderes tanto lutavam entre si como pela dominação do mundo, sem restrições.

Cleópatra contava apenas dezoito anos quando assumiu o trono egípcio em 51, com o título de Cleópatra VII, estando casada com seu irmão, Ptolomeu XIII, na época um menino com apenas dez anos de idade. Há dúvidas quanto à consumação desse casamento, mesmo quando Ptolomeu atingiu a maioridade. Contudo, se tivesse acontecido, não seria motivo de estranheza, tendo em vista os Ptolomeus haverem adotado o antigo incesto dinástico do Egito. Consuetudinários, os soberanos deviam manter as tradições do Antigo Egito, a fim de garantir o domínio sobre o povo e sobre o clero que ainda era poderoso.

Para entender o papel político de Cleópatra e o problema da sucessão, retrocedemos para constatar que raras foram as civilizações antigas em que a mulher pôde alcançar postos importantes na sociedade. No Egito, encontramos vários exemplos de mulheres ocupando altos cargos na política, ou no governo, e não assombra (pela época) descobrir mulheres na função suprema de Faraó, tendo em conta uma questão teocrática.

A sociedade egípcia da antiguidade, como muitas civilizações da época, apoiava-se na religião como ponto de referência. Assim se justificou o direito ao trono dos faraós: desde que fossem ungidos dos deuses, tinham direito ao trono. Geralmente, nas sociedades antigas a transmissão do direito era pela linha masculina: os filhos herdavam o poder e, no caso em que o rei não houvesse tido nenhum varão, o trono recaía sobre algum membro do gênero masculino da família mais próxima, como primos e tios. Mas, ainda que o monarca tivesse filhas, estas não alcançavam o poder, salvo se tivessem casado com o futuro rei.

Entretanto, Arborio Mella nos auxilia com a história de Amon, que elegeu Tutmosis III o novo faraó. Sendo ainda uma criança, a regência foi concedida à jovem Hatscepsut, "*a qual não contestou a decisão do deus Amon, mas, na prática, não deu atenção a ela... empenhou-se habilmente em enfrentar todas as dificuldades que encontrava pela frente. A primeira dentre as mais notáveis foi a de quebrar o tabu de que a sucessão de uma mulher no trono dos faraós não era digna e contemplada.*"

Como estamos considerando neste trabalho apenas mulheres sábias e ardilosas, Hatscepsut bem ilustra nosso objetivo. Ela encontrou um modo muito simples para contornar os obstáculos: Mella diz que Hatscepsut se proclamou "*rei*" "*Horus Feminina*" e em muitas estátuas mandou que a representassem como homem ou pelo menos sem os mais característicos traços femininos, eliminando também "*outros motivos de polêmica, apresentando a versão dos fatos nas paredes da entrada de seu templo em Deir-el-Bahari*". Havia outro problema que contrariava o que afirmamos no parágrafo acima. "*O fato de seu pai não possuir o sangue real devia ser muito intrigante para a aristocrática rainha, a ponto de ocorrer-lhe fazer a transfusão de outro melhor com o extraordinário incidente de acometer a própria mãe num adultério divino.*"

O sangue real era o fator de uma legitimidade divina, o critério extraordinário para o acesso ao trono: esta legitimidade a transmitiam às mulheres, pelo que os herdeiros varões de esposas secundárias se casavam com suas irmãs, filhas da grande esposa real que, por sua vez, era filha da anterior grande esposa real. Por isso, a essência divina podia ser entregue à grande esposa real, como foi o caso de Nefertiti, casada com Amen-hotep IV, mais conhecido como Akhenaton.

Assim, os egípcios preferiram ser governados por uma mulher de sangue real, portanto divina, conforme a religião, antes que por um homem que não o fora. Por isso, em tempos de crises sucessórias, as mulheres tomavam o poder. É preciso assinalar, neste caso, que a Faraó tomava todos os símbolos masculinos, apesar de haver dúvida quanto ao sexo de certos faraós que poderiam ter sido mulheres ou não. [33]

Na dinastia XVIII, após a morte de Amenhotep I (Amen-hotep), seu sucessor Thutmosis I é apenas o filho de uma segunda esposa do faraó defunto; seu casamento com Ahmose, irmã de Amenhotep, lhe permite ser legitimado divinamente. Enfim, exemplos como esses são fartos na história do Egito.

Consta que o incesto real teve origem no Egito em tempos remotos, quando a lei de sucessão feminina transformou a filha mais velha do monarca na herdeira do trono. O sistema matrilinear originara-se da ideia de que a paternidade consistia numa inferência, enquanto a maternidade consistia na observação.

Sendo os faraós e seus sucessores deuses da terra, conforme queriam fazer crer, era então necessário que os casamentos se realizassem entre irmãos. Nesta ordem, o filho eleito pelo pai para sucedê-lo deveria casar-se com a herdeira. Em não havendo herdeira, eram permitidas as exceções. Esta tradição deu ensejo a lutas sangrentas entre irmãos e irmãs, quando eles eram vários. Em tais casos, a História registra sérios conflitos entre os filhos da linhagem dos Ptolomeus. Isto justifica a trajetória de Cleópatra. Ela seguiu o padrão familiar, pelos menos neste aspecto.

[33] www.coljxxiii.com.br/webquest/caio/caio.htm (disponível em 10 de fevereiro de 2012).

A discutível beleza de Cleópatra e seus outros dotes

Até hoje está sendo procurada qualquer representação do busto de Cleópatra considerada autêntica para que se possam descrever seus traços com segurança. Os críticos baseiam-se em inscrições cuja aparência não se enquadraria nos atuais padrões de beleza. Ernle Bradford, dentre os autores em que nos baseamos, é o único a afirmar que *"é uma mulher de boa aparência, mas não linda"*. Os demais fazem a mesma leitura de Plutarco que a conheceu pessoalmente, mas o que restou foi uma fisionomia revelada por moedas e pelas descrições dos autores da antiguidade. Existe em Alexandria uma moeda de cobre mostrando Cleópatra jovem, usando o diadema da monarquia, tendo os cabelos presos em um coque. Nesta representação, o pescoço é longo e gracioso. As feições denotam delicadeza e seus olhos são amendoados. O famoso nariz é mais semítico do que o clássico grego. A boca tem traços firmes com lábios bem definidos. Tem o queixo suave. Enfim, o conceito de beleza depende da cultura de quem observa o outro. A imagem é, literalmente, a expressão simbólica da realidade, a critério do observador. Não se trata de uma descrição objetiva da realidade, mas do reflexo das concepções subjetivas do examinador. Depende da concepção pessoal do cronista.[34]

Na opinião de Plutarco, conhecê-la era ser atraído por sua sedução: conversação amável, beleza física, *graça insinuante*, doçura, naturalmente gentil, enfim, gestos, palavras, tudo a tornava sedutora ao seu observador. O mais meritório, porém, era o seu intelecto e poder.

Ao contrário de seu pai, uma figura patética, cuja única

---

[34] Ver: BARKAI, Ron. *El enemigo en el espejo.* Madrid: Rialp, S.A., 2007.

qualidade era a paixão pela música, Cleópatra herdou a intelectualidade dos primeiros Ptolomeus. Versada em conhecimentos linguísticos, foi considerada por Plutarco uma pessoa dotada de muita facilidade para falar qualquer idioma que desejasse. Minucioso, Plutarco comparou suas palavras com *"um instrumento musical de vários sons e registros"* manipulados com maestria. Mantinha com desenvoltura conversações com pessoas das mais variadas etnias e línguas. Falava a poucas nações bárbaras, por meio de intérprete. Mas dava ela mesma as respostas, pelo menos à maioria como os etíopes, árabes, trogloditas, hebreus, sírios, medas e partos (partas, ou parthos, um dos povos que compunham a Pérsia), e a muitos outros ainda, cuja língua aprendera quando muitos dos seus predecessores, reis do Egito, dificilmente aprenderam a língua egípcia (língua nativa extinta do Egito e um ramo da família de línguas afro-asiáticas) e alguns até esqueceram a língua da Macedônia (A língua macedônia antiga era falada em uma parte da Macedônia já nos séculos V e IV e até possivelmente antes).

Além do ático ateniense, falava fluentemente o latim, saber que lhe facultou conquistar Júlio César; além disso, hipoteticamente, havia a sua beleza e o potencial financeiro de seu reinado. Não se pode negar, contudo, que Júlio César e Marco Antônio tivessem motivos políticos e financeiros que os impulsionaram a desejar unirem-se em matrimônio com Cleópatra. Consta que César fora um militar poderoso, um bissexual notável, enquanto Marco Antônio, menos habilidoso, fora um soldado valente, um consumidor inveterado de bebida alcoólica, cordial, extrovertido.

São indiscutíveis os motivos que levaram César e Antônio a uma aproximação com aquela poderosa rainha, como também o é o fato de ela ter sido dotada de poderes naturais e, usuária de cosméticos e perfumes que aumentavam seu poder de sedução, tornou-se a personagem que atravessou os tempos como uma figura enigmática. Suas habilidades políticas e intelectuais tornaram-na amante de César, e Antônio a considerou Afrodite, a deusa do amor. Como mãe, consta que lutou arduamente na defesa do filho que teve com César e também por aqueles concebidos pela sua relação com Antônio. Nos relatos sobre seus grandes feitos, constam esforços para garantir aos filhos o trono como herança.

Grande apreciadora das artes e das ciências, quando Antônio dominava o Oriente, Cleópatra o induziu a construir e equipar a biblioteca de Pérgamo, contendo cerca de duzentos e cinquenta mil volumes.

Para entender o período estudado, é preciso considerar que eram sutis os limites entre o humano e o sobre-humano. Entre os deuses e os homens, entre os animais, na trilha entre os vivos e os mortos, havia algo em comum. O Egito apresenta "*o tipo histórico das mitologias animistas*", que consiste num sistema de contrastes, facilmente explicável pela ciência hoje, mas que, durante muito tempo, foi considerado como anomalias próprias de uma degradação. Qualquer parte ou coisa da natureza era morada de seres espirituais, cuja substância era situada no espaço entre o humano e o divino. Os deuses interferiam diretamente na vida dos humanos, podendo transformá-los em seres poderosos ou míseros animais.

Os reis eram perturbados pela iminência de guerras, pela possibilidade de se transformarem ou de perderem o poder. Foi assim que *Ptolomeu* (Ptolomeu I, séc. III) aumentou a autenticidade do reinado do Egito ao obter o corpo de Alexandre, o Grande — e, portanto, enfurecer os outros reivindicantes —, e levá-lo para Mênfis. O Sumo Sacerdote, como diz a lenda (transcrita por Bradford), não aceitava que o conquistador do mundo ali ficasse, dizendo: "*Leve-o para a nova cidade que ele construiu em Racótis; pois onde quer que seu corpo descanse, o lugar será turbulento e perturbado por guerras e batalhas.*"

O corpo de Alexandre desceu o Nilo e foi enterrado em uma esplêndida tumba no centro da cidade que ele havia fundado. Certamente, a profecia do Sumo Sacerdote foi comprovada no que diz respeito à Alexandria e à vida dos Ptolomeus.

A maior parte do reinado de Ptolomeu I foi dedicada a guerras contra outros chefes macedônios que partilhavam o império de Alexandre. Fundou a biblioteca de Alexandria. Morreu aos oitenta e dois anos de idade, após cinquenta anos de serviços prestados como militar e governante.

Foi sucedido por seu filho Ptolomeu II, que, de maneira diferente, também se tornou notável. Conhecido como Filadelfo, jamais foi guerreiro como o pai, mas notabilizou-se como intelectual e, apesar das guerras que devastaram o Mediterrâneo, conseguiu preservar o reinado. Criou em Alexandria um dos tribunais mais significativos da História, e o Egito ficou conhecido como a maior potência naval do Mediterrâneo Oriental; grande parte do mar Egeu, portos e cidades costeiras da Ásia Menor sofreram influência ptolemaica. Durante seu reinado, Filadelfo defendeu as artes, e a biblioteca fundada por seu pai passou de duzentos mil volumes para quatrocentos mil.

O terceiro Ptolomeu combinava as virtudes e os defeitos de seus ancestrais. Consolidou as obras deles e morreu no ano 222, ou no início de 221. Estava no auge do poder, a terra dos Faraós prosperava, sendo considerada a mais culta dentre os reinos da época. Mas tudo mudaria. Neste breve relato sobre os primeiros Ptolomeus, estamos omitindo fatos interessantes como os casamentos, muitas vezes entre irmãos, que visavam preservar o poder em mãos da estirpe, envolvendo fatos históricos relevantes, conforme já se referiu anteriormente.

Com o quarto da linhagem, os Ptolomeus começaram a declinar. Ptolomeu IV ou Philopator (221-204), conforme a

História, teria assassinado o pai para subir ao trono. Para assegurar-se nele, eliminou o tio, o irmão, a mãe. Mesmo para a época, era uma pessoa vil, sanguinária. Casou-se com sua irmã Arsínoe, era governado por sua amante Agatocléa, irmã do jovem Agátocles, com o qual o rei mantinha uma relação homossexual. Vivia cercado por homens e mulheres de sua preferência, por ser bissexual. Marcou seu reinado como patrono das artes, compôs uma tragédia e construiu um templo dedicado a Homero.

A partir desse momento, as mulheres dessa dinastia passam a exercer um papel político meritório na história do Egito. Os homens, por sua vez, são conhecidos como pessoas desprezíveis, dando lugar a mulheres decididas, não relutando ante a necessidade de praticar célebres assassinatos.

Consta que Ptolomeu V fora dissoluto e cruel, Ptolomeu VII, um homem sedicioso, e Ptolomeu VIII assassinou o sobrinho, legítimo herdeiro do trono, tendo-se casado com Cleópatra II, a mãe do menino. A partir desse momento, a História registra uma série de assassinatos entre os familiares, sempre visando a eliminar sucessores ao trono ou quem se opusesse ao pretendente dele.

O reinado egípcio vivia um clima de decadência moral e de corrupção, enquanto as artes e as ciências continuavam florescendo. Durante o século I a.C, reis e rainhas esbanjavam suas heranças enquanto Roma ia estendendo seu *braço comprido* sobre o Oriente. E foi assim que voltou seu interesse para Egito, o país mais rico do Mediterrâneo, cujas reservas poderiam manter o povo romano.

Surge Ptolomeu XII, pai de Cleópatra VII, considerado ilegítimo na dinastia lágida, sendo, contudo, o descendente do sexo masculino mais velho da estirpe, apesar de a sua mãe não ser a rainha reinante ao lhe dar à luz. Reinou com o título político-religioso de *Neos Dionysos* (o Novo Dionísio, o deus do vinho). Figura estranha e tragicômica, Ptolomeu XII subiu ao trono no momento em que Roma estava envolvida com os negócios do Egito, tendo em vista o colapso do governo grego. Anteriormente, em 139, Cipião estivera no Egito, tendo constatado que o país era fértil e rico, estando a necessitar de um melhor governante. E, certamente, Ptolomeu XII, o Novo Dionísio, ou Aulete, ou o "*Flautista*", não agregava essa expectativa. Apesar disso, por interesse político de Roma, ele permaneceria no trono.

Ptolomeu XII não herdara a violência de seus antecessores, não era mau. Aspirara apenas a que o deixassem em paz. Era fraco, comodista e apreciava música. Casara-se com Cleópatra, sua irmã, com quem teve as filhas Cleópatra VI e Berenice e, ao que parece, Cleópatra VII era sua terceira filha. O rei teve outros três filhos com sua segunda esposa: Arsínoe, Ptolomeu XIII e Ptolomeu XIV.

Cleópatra, mulher perspicaz

Neste ponto, começa a história desta mulher enérgica. Foi educada numa boa escola, enquanto seu pai, em 63, se tornara protegido de Pompeu, que conquistava vitórias no Oriente por meio do suborno de uma coroa de ouro e uma cavalaria composta por oito mil homens. Como seu patrono, Pompeu, de acordo com o sistema romano, não poderia abandoná-lo em circunstâncias difíceis. Na época, Júlio César, Crasso e Pompeu dominavam o Império Romano. Ptolomeu sabia que César sempre estava em dificuldade financeira, tendo descoberto que o ditador e Crasso desejavam incorporar o Egito ao Império Romano. Em 58, Ptolomeu, sem alternativa, procurou obter de Roma o reconhecimento oficial de sua monarquia no Egito. E o egípcio foi confirmado no trono, como amigo e aliado de Roma.

Inicia-se uma série de acontecimentos, que culminariam com Cleópatra VII (com apenas quinze anos) eleita herdeira do trono após a morte de sua irmã Berenice, que governara o Egito durante o período em que seu pai, Ptolomeu XII, estivera em Roma em busca de proteção. Nesta ocasião, os encantos da princesa haviam impressionado Marco Antônio, durante a permanência dele em Alexandria.

Ptolomeu XII havia preparado um testamento em que outorgava à sua filha mais velha, Cleópatra VII, a sucessão ao trono do Egito, devendo reinar ao lado de seu irmão Ptolomeu XIII, o filho mais velho, porém mais jovem do que a prometida. Deixara uma cópia em Alexandria, outra em Roma, com Pompeu, seu patrono. Temendo uma luta mortal pelo poder, conforme o costume entre os herdeiros, pediu ao povo romano que garantisse o seu desejo quanto à sucessão. Ptolomeu XII morreu na primavera do ano 51, quando Cleópatra VII estava com dezoito anos e seu irmão Ptolomeu XIII apenas dez, fato já referido anteriormente. Nesta época, segundo o costume, eles já deveriam estar casados. Por ser menor, Ptolomeu foi representado por um conselho de guardiões composto por três homens que, na verdade, iriam defender seus próprios interesses, possivelmente tentando se livrarem de Cleópatra. Eram eles Áquila, comandante do exército, Teodoto, um retórico grego, que cuidava da educação do menino e o eunuco Potino, ministro das finanças, corrupto e intrigante como os demais.

Desde o início, Cleópatra demonstrou força, coragem e perspicácia, atributos que lhe garantiram perceber a trama que lhe preparava o triunvirato ao redor de seu irmão. Fugindo do destino dos Ptolomeus, deixou o país em 48. Contava agora vinte e três anos vividos em meio a tramas, corrupção, subornos e assassinatos. Seguiu para a Síria, onde foi bem recebida. Áquila tornou-se o governador do Egito e tudo parecia favorável aos triúnviros.

Em pouco tempo, Cleópatra preparava um exército na Síria, com seus partidários, ao passo que, do outro lado do Mediterrâneo, a coalizão entre César, Pompeu e Crasso era rompida em decorrência de ambições individuais. Crasso foi morto numa batalha em Caria, ao mesmo tempo em que Pompeu e César continuavam disputando o poder. Pompeu, vencido nos campos de batalha de Farsália, na Tessália, refugiou-se na ilha de Chipre. Com sua mulher, Cornélia, Pompeu decidiu buscar abrigo no Egito, país do qual fora patrono e defensor de Ptolomeu XII.

Enquanto esperava uma decisão de Áquila, Teodoto e Potino, Pompeu permaneceu ancorado em Pelúsio, onde o exército egípcio se encontrava acampado. Após uma demorada discussão, Teodoto decidiu que eles deveriam atrair Pompeu a terra firme para então matá-lo, evitando assim que o romano auxiliasse Cleópatra na Síria, ao passo que o governo egípcio, controlado pelo jovem Ptolomeu, permaneceria em suas mãos.

Na execução deste ato, houve por parte da esposa de Pompeu uma desconfiança que a levou a aconselhar o marido a não seguir os interlocutores, mas o romano não viu alternativa senão contrariá-la. Conforme o relato de Ernle Bradford, ao descer até o barco, em companhia de um liberto chamado Felipe, ele citou, como despedida de Cornélia, os versos de Sófocles:

> "*Aquele que passa uma vez pela porta de um tirano*
> *Torna-se escravo, mesmo que antes fosse livre*"[35]

---

[35] BRADFORD, Ernle. Op. cit., p. 74.

Sua esposa tinha razão: os assassinos deceparam a cabeça de Pompeu e a ergueram em triunfo. Tiveram o cuidado de reservar provas do feito para serem mostradas a César, quando ele lá chegasse. As cinzas de Pompeu foram enviadas posteriormente por César à viúva. Agora todo o Mediterrâneo pertencia a César. Fazendo parte de uma família que se acreditava descendente da deusa Vênus, para César, como um deus, tudo era possível.

As tropas de Cleópatra e de Ptolomeu ainda se enfrentavam, quando César e seus quatro mil soldados atravessaram o Mediterrâneo em direção à Alexandria. Seu objetivo primeiro era reconciliar os nobres irmãos beligerantes. Somente ao chegar à Alexandria é que teve notícia da morte de seu inimigo Pompeu. Ficou indignado com a forma como fora executado e desprezou publicamente o autor do feito. Teodoto, ao apresentar a César a cabeça e o anel de Pompeu, imaginava que seria aclamado; ao perceber o perigo, fugiu da cidade, errou pela Síria e pela Ásia Menor. Algum tempo depois, foi encontrado por Brutus que mandou crucificá-lo. Tal procedimento deveria ser julgado pela ética e pelo velho código romano.

Cleópatra e os Romanos

Estando ainda em luta os exércitos dos irmãos Ptolomeu e Cleópatra VII, César transferiu-se para o palácio real do promontório de Lóquias, um local digno dele, pelo luxo e riqueza. Como representante do povo romano, César deveria fazer cumprir o desejo do rei Flautista (Ptolomeu XII), pondo fim à disputa entre Cleópatra e o irmão. Falto de recursos, como sempre, deveria receber a quantia que emprestara ao pai deles, quando estivera em Roma, enquanto Berenice governava o Egito, conforme referimos anteriormente. César tinha agora cinquenta anos, ou pouco mais, era o senhor do Mediterrâneo, o maior conquistador depois de Alexandre. De sua vida pessoal consta que fora homossexual, epilético e devasso. Conforme Suetônio, citado por Ernle Bradford, "*sua intimidade com Nicomedes (rei da Bitínia) era uma difamação profunda e constante, que o deixava exposto a insultos de todas as pessoas. Não digo nada sobre os notórios versos de Licínio Calvo: Tudo que a Bitínia tinha, e o amante de César.*"

Era também o mais notório sedutor de mulheres e implacável na guerra, porque os grandes homens são geralmente maus. Convocou Ptolomeu para um encontro a fim de acabar com a guerra civil, disposto a arbitrar entre este e sua irmã. Apesar do temor de seus guardiões Áquila, Teodoto e Potino, Ptolomeu foi enviado à Alexandria. Ali, César cobrou os débitos de seu pai e exigiu o fim da campanha contra sua irmã. Segundo Plutarco, "*o pai do rei devia a César dezessete milhões e quinhentos mil sestércios; César perdoou aos filhos desse príncipe sete milhões e quinhentos mil sestércios, pretendendo os dez milhões restantes para o mantimento de suas tropas*".[36]

Júlio César encontrava-se na situação de quase prisioneiro, enquanto os triúnviros planejam desbaratar os romanos e continuar guerreando Cleópatra. O poderoso general convocou-a para resolver sua disputa com o irmão, Ptolomeu XIII, mas esta não tinha ideia de como atravessar as linhas egípcias cercando suas forças. Cleópatra sabia que Áquila a mataria se fosse apanhada. Nesta circunstância é que podemos avaliar a coragem, a audácia e o rápido raciocínio que marcaram a vida de Cleópatra. Embarcou em um navio em Pelúsio e desceu em Alexandria. Ao anoitecer, contando com a fidelidade de Apolodoro Siciliano, para atravessar o cerco sem ser reconhecida, este a enrolou em peças de roupa, atou com uma correia

[36] PLUTARCO. Tomo Sétimo, p. 236.

e a transportou à presença de César, dentro da fortaleza. Em sua narrativa, Plutarco acrescenta que "*foi essa astúcia de Cleópatra o primeiro engodo que seduziu César*". Tem início o romance entre César, o homem mais enérgico do mundo, e Cleópatra, com seu típico desejo de poder ptolemaico. Estando determinada a ser a rainha do Egito, tinha diante de si o homem que poderia fazê-lo.

Na manhã seguinte, César reuniu os dois irmãos e exigiu que se reconciliassem. César explicou à população que estava fazendo cumprir um desejo de Ptolomeu XII, entregando aos dois irmãos o governo do Egito. Aplacou a ira da população devolvendo a ilha de Chipre, que os romanos haviam tomado há apenas dez anos.

Contudo, Potino, o eunuco, e Áquila não se deram por satisfeitos e vinham tramando contra César, quando foram denunciados. O eunuco foi sequestrado num banquete que César oferecera para celebrar a suposta união entre os irmãos. Levado para fora, Potino foi executado, enquanto Áquila fugia ao encontro do exército composto de uns vinte mil homens e dois mil cavaleiros, entre legionários, escravos e criminosos. A tentativa de obstruir e contaminar a água que alimentava o palácio foi rechaçada pela perspicácia de César. Áquila foi assassinado por Berenice, a irmã mais nova de Cleópatra, e seu marido Ganimedes, que então se tornou líder das forças egípcias e o diretor da revolta. Consta que Berenice odiava Cleópatra.

Veni, Vidi, Vici. Foi assim que César relatou seu sucesso político-militar no Egito, a seu amigo Amâncio, em Roma (Vim, Vi, Venci).

E César venceu o ataque da Vigésima Sétima Legião da Ásia Menor, ateando fogo na frota egípcia. Houve uma grande conflagração, grande parte do estaleiro ardeu e, segundo alguns historiadores, ardeu também grande parte da biblioteca de Alexandria. Finalmente, César vencia as forças egípcias.

Da união de César com Cleópatra, há quatro meses, resultara uma gravidez que possivelmente a tornaria a exclusiva rainha do Egito. Ptolomeu foi devolvido ao exército, uma vez que não se sentia feliz no palácio. Fiel às tradições de sua família, tirou do poder Berenice e Ganimedes, tomou o comando de suas tropas e marchou para o combate contra César. Este, por um estratagema próprio de um bom guerreiro, venceu o inimigo encurralado entre um pântano e o Nilo, após uma batalha que durou dois dias. Ptolomeu, com apenas quinze anos, morreu afogado ao tentar fugir em um barco. No dia 27 de março de 47, César entrava em triunfo em Alexandria. Na verdade, era o dia 14 de janeiro (a confusão se deve ao calendário adotado na época). Concedeu indulto aos revoltosos, consagrou Cleópatra, grávida de seu filho, como rainha e proclamou seu irmão Ptolomeu XIV, com apenas onze anos de idade, corregente de Cleópatra. E se fez a paz.

O ditador reportou-se às origens supostamente divinas de sua linhagem juliana, como um recurso de propaganda política. Sua intenção era fazer crer ao povo egípcio que a criança que iria nascer (dele e de Cleópatra) não era produto de uma união ilícita, porque ele era um deus na terra. Dizia-se a encarnação do deus Amon — semelhante a Zeus para os gregos ou Júpiter para os romanos. Cleópatra, por sua vez, na condição de rainha do Egito, era considerada a deusa Ísis.

Seu filho Cesário (Pequeno César) nasceu no final de junho ou no começo de julho em 47. Formalmente, foi chamado Ptolomeu César, o último da linhagem de César. Enquanto isto, Roma o aguardava com péssimas notícias. César tinha inimigos em Roma. Era de fato a autoridade suprema, o senhor do mundo mediterrâneo, mas deveria lutar contra a resistência da facção ligada a Pompeu. Apesar das tentativas de Marco Antônio, a presença de César era indispensável.

Cleópatra em Roma

É certo que a República Romana chegara ao fim, uma vez que César alicerçara o futuro império governado por monarcas poderosos, quase divinos. Estiveram presentes à celebração do Triunfo Egípcio, em Roma, a família real, Cleópatra, seu filho Cesário e seu irmão Ptolomeu. Arsínoe, a irmã de Cleópatra, desfilou entre os prisioneiros. César pretendia demonstrar que estava celebrando o triunfo da autoridade de Cleópatra sobre a parcela da população que a contestara.

A rainha chegou acompanhada de um séquito formado por escravos, eunucos, guarda-costas, cortesãos bem vestidos e foi instalada numa casa de César situada na margem direita do rio Tibre, cercada de jardins. César não se preocupou em dissimular a presença da rainha, ou escondê-la de sua esposa Calpúrnia, com quem se casara em 59 e não lhe dera filhos. Pretendia divorciar-se dela para oficializar sua união com Cleópatra.

Durante os quatro dias que duraram os festejos do Triunfo, César foi aclamado o conquistador da Gália; subiu ao Capitólio com um cortejo de quarenta elefantes; Vercingetorix, o líder gaulês que se entregou para salvar seu povo, caminhava acorrentado pelas ruas de Roma, sendo em seguida levado à prisão e executado, um ato tradicional, mas considerado desnecessário naquele momento. César perdeu a oportunidade de reforçar sua reputação se tivesse agido com clemência, por tratar-se de um adversário valoroso. Foi erigida uma estátua do deus Nilo, expostos os retratos dos derrotados Áquila e Potino, houve desfile de animais exóticos e Arsínoe foi libertada, mas o destino de seu marido Ganimedes é desconhecido. Os soldados foram presenteados, o povo participou de banquetes e espetáculos, mas a história não registra a presença de Cleópatra nos festejos. Até aquele momento, ela sabia que o futuro de seu filho estava garantido.

Figura 1: *Vercingetórix rende-se a César*, por Lionel Royer.
Museu Crozatier, em Le Puy-en-Vela.
Fonte: http://pt.wikipedia.org/wiki/Marco_Ant%C3%B3nio
(Acesso em 05.05.2013).

A moeda cunhada dois anos depois exibe o poderoso César muito envelhecido em cuja face os olhos encaram confiantemente o futuro. Só essa força ele não havia perdido. Nesse mesmo ano ele morreu. Seus excessos, inclusive a bebida e a gula, os constantes ataques epiléticos, tudo contribuíra para que tivesse adquirido aquela aparência. É possível que Cleópatra tenha acreditado que suas forças procedessem de sua "*doença divina*", pois, naquela época, a epilepsia era assim considerada e muitas vezes associada a um grande brilho intelectual.

Nessa época, o povo romano via em Cleópatra apenas a amante de César, embora o soberano desejasse casar-se com ela para legitimar a união e o nascimento de Cesário. Pretendendo estabelecer uma dinastia, César aspirava a ter outros filhos com Cleópatra. Homem incansável, a par desses profundos desejos, César realizava importantes projetos: fez revisar o Código Penal, iniciou nova codificação de todas as leis visando a eliminar irregularidades existentes no Código Civil. Estimulou as artes e a medicina, iniciou a reforma do calendário romano com base no calendário Juliano do astrólogo alexandrino Sosígenes.

Contudo, o futuro do filho de Cleópatra era muito incerto. A vida de César estava cercada de intrigas, havia muita inveja em decorrência de seus triunfos, e ele angariara muita antipatia dos senadores, por ignorá-los na tribuna. Em 44 a.C., enquanto presidia cerimônias dedicadas a Luperco — ou Fauno, o deus da natureza, ou Pã, que representava o retorno da primavera (Lupercália), da fertilidade —, sentado num trono de ouro no Fórum, viu entrar abruptamente Marco Antônio que o saudou como se ele fosse o próprio Luperco. Subiu à tribuna e tentou colocar uma coroa na cabeça de César. Seus correligionários insistiam para que ele a aceitasse. César não aceitou e perdeu a oportunidade de tornar-se, além de ditador e imperador, o rei de Roma. César devolveu a coroa a Marco Antônio e foi aplaudido. Oferecida novamente, ele tornou a recusar ordenando que a coroa fosse colocada na cabeça da estátua de Júpiter, no Capitólio.

Estava blefando, pois ficou decepcionado com a reação popular a aplaudir sua recusa em vez de exigir que ele a aceitasse. Estava perdida a oportunidade de casar-se com Cleópatra e instaurar a sua dinastia.

Subjacente a este fato, havia um problema maior: um grupo conspirava contra a vida do ditador, sendo os senadores os mais influentes, alguns pró-republicanos e algumas outras pessoas interessadas na sua morte. As queixas dos senadores procediam do fato de eles serem desprezados por César no Senado, que os tratava como espantalhos.

César não deu importância às previsões dos oráculos quanto ao seu fim iminente. Dispensava guarda-costas, acreditando no seu poder, enquanto a data de sua morte já estava decidida. Dentre seus piores inimigos constava Brutus, jovem erudito, intelectual, cuja justificativa para eliminar o imperador era o fato de este haver mantido uma relação com Servília, a mãe de Brutus, antes e depois de seu nascimento, havendo rumores quanto à possibilidade de ele ser filho de César, que sempre o tratara paternalmente. Estava decidido que a data de sua morte seria o dia 15 de março, quando o ditador visitaria o Senado antes de unir-se ao exército que ele pretendia liderar numa nova batalha.

A ditadura de César morre no Senado

Figura 2: Morte de Júlio César, por Vincenzo Camuccini, 1798, na Galeria Nacional de Arte Moderna.
Fonte: http://pt.wikipedia.org/wiki/Marco_Ant%C 1-
(Acesso: 05.05.2013)

César demorou-se para chegar ao Senado, deixando seus adversários preocupados, temendo uma conspiração contra eles. Finalmente, chegou. Antes, porém, no caminho, foi novamente abordado por um vidente que o preveniu quanto aos "*Idos de março*"[37] que, ante sua zombaria, lhe respondeu: "*Sim, chegaram; mas ainda não passaram.*" César dirigia-se ao Senado imaginando que certamente naquele dia seria aclamado *Rex* (Rei).

[37] No antigo calendário romano, o dia 15 de março, maio, julho e outubro, e o dia 13 dos demais meses: "Mas, nos idos de março, ante o Senado, a Glória, filha da morte, dá-lhe [a César] a extrema unção fraterna". Ver: FONTES, Martins. *Verão*: Santos: Tip. Inst. Dona Escolástica Rosa, 1917, p. 26.

Cleópatra e a derrota de Júlio César

A derrota de César foi descrita por Plutarco: *"Quando César entrou, todo o Senado levantou-se para saudá-lo; então alguns dos conjurados puseram-se atrás de sua liteira e outros lhe foram ao encontro; falaram-lhe como querendo interceder por Metelo Cimber (ou Túlio), que pedia a volta de seu irmão, que estava no exílio e o seguiram assim, sempre rogando-o, até que ele se sentou em seu trono: como ele rejeitasse seus pedidos e se irritasse, uns após outros começaram a importuná-lo ainda mais, com violência, até que Metelo, tomando sua túnica, com ambas as mãos, arrancou-a de redor do pescoço..."*

Era o sinal combinado e naquele momento os conjurados haviam-se acercado, decididos a executar o golpe que daria fim à vida de César. Este foi atingido por Casca que, com a espada, o atingiu por trás, desferindo-lhe um golpe na altura do pescoço, cujo ferimento não apresentava gravidade. Isto permite imaginar que o agressor estivesse inseguro ante o perigo à que se expunha ao praticar aquele ato homicida. Com tal insegurança, o golpe causou à vítima mais agonia do que o que fora previsto por seus adversários. César voltou-se, empunhou a própria espada acusando Casca de vil traidor.[38] Nesse momento, desembainhando as espadas, os presentes cercaram César por todos os lados.

César debateu-se muito contra os golpes fatais de seus inimigos, e Brutus lhe deu o golpe decisivo. *"Eles haviam combinado que cada um lhe daria um golpe, participando assim do assassínio: Brutus deu-lhe o primeiro, no lugar das partes naturais; alguns dizem*

---

[38] Casca, irmão de Trebônio, a quem César acabara de nomear procônsul da Ásia, era, juntamente com este irmão, importante conspirador, como muitos outros (Tílio Coimbro, Servo Galba, ambos confidentes e partidários de César). Segundo Ernle Bradford: "Casca, que estava bem atrás dele (César), deu o primeiro golpe contra o pescoço da vítima, mas errou e perfurou apenas o ombro... um segundo depois, o irmão de Casca o apunhalou".

que ele se defendia sempre e resistia... até que viu Brutus de espada em punho; então ele envolveu a cabeça com o manto, e sem resistir mais, foi empurrado, por acaso, ou por expressa intenção dos conjurados até o pedestal, sobre o qual estava a estátua de Pompeu, que ficou toda ensanguentada." Plutarco infere que ela (a estátua) estaria presidindo à vingança e ao castigo do seu inimigo, atirado por terra, aos seus pés, quase morto pelo grande número de ferimentos recebidos. Assim, nos idos de março, ante o Senado, a glória dá a César a extrema unção fraterna.

Há várias versões sobre o número de golpes desferidos no corpo daquele bravo guerreiro romano, mas fiquemos com os cálculos de Plutarco: vinte e três ferimentos, e diversos de seus agressores feriram-se uns aos outros, golpeando todos ao mesmo tempo contra um só homem. César morreu com cinquenta e seis anos, apenas quatro anos depois da morte de Pompeu.

E Cleópatra? Os golpes recebidos por César eliminaram as esperanças da rainha egípcia. Cesário já não seria mais proclamado o legítimo descendente de César e futuro imperador. Ao contrário do que se poderia esperar, os assassinos de César não se voltaram contra ela, porque seus objetivos, seus desejos de vingança eram puramente políticos e pessoais. Foram considerados assassinos traiçoeiros de sangue-frio. Os senadores negligenciaram nas providências imediatas que deveriam adotar e Antônio tomou as iniciativas, tornando-se o homem mais poderoso de Roma. De posse do testamento de César, oferecido por Calpúrnia, a viúva do imperador morto, Antônio detinha o dinheiro e os segredos dele. César não mencionara Cesário em seu testamento e os conspiradores só conseguiram a morte de César.

Em 20 de março, cinco dias após a morte de César, Antônio conquistou a adesão popular contra seus assassinos e a seu favor, enquanto Cleópatra era apenas uma rainha estrangeira ocupando um trono vacilante, sustentado apenas pelas armas das forças de Roma. Procurou aconselhar-se com Antônio, mas logo percebeu que o lugar de César já estava ocupado.

Cleópatra decidiu deixar a Itália e voltou para o seu reino. O ambiente em Roma não era favorável, sendo previsível que Otávio, o herdeiro de César, viria reivindicar os seus direitos. Estava encerrada a primeira fase da vida de Cleópatra.

Cleópatra e Antônio

A segunda fase da vida da rainha egípcia tem início quando ela constata finalmente que Antônio está destinado a assumir o lugar de César, como o único senhor do mundo romano. Antônio reunia virtudes e muitos defeitos. Como César, em sua vida sexual constam relacionamentos homossexuais, sendo o mais notório seu caso com o jovem Cúrio.

Fora, porém, um homem de qualidades físicas apreciáveis que o tornavam irresistível para as mulheres. Estava constantemente endividado em razão de sua conduta. Com a morte de César e a ausência de Otávio, o herdeiro indicado por César, Marco Antônio, ao apoderar-se de Roma junto com sua mulher Fúlvia, começou a recuperar a fortuna perdida, saqueando os cofres do Estado. Passou a falsificar documentos, a forjar outros, alegando que foram encontrados nos papéis de César.

Figura 3: Disponível em:
Fonte: http://pt.wikipedia.org/wiki/Marco_Ant%C 2 Marco Antonio. Acesso em 05.05. 2013

Em 44, finalmente, Otávio chegou a Roma, reivindicando sua herança. Antônio o recebeu com muita arrogância, sentindo-se, na verdade, muito preocupado com a contabilidade. Era preciso entender que até ali ele fora apenas um guardião temporário do *cesarismo*. Entretanto, após muita controvérsia, optou-se pelo estabelecimento de um triunvirato formado por Antônio, Otávio e Lépido para reger o Império Romano que, a essa altura, se encontrava à beira de uma guerra civil.

Figura 4: Mapa do Império Romano.
Fonte: http://www.historiadomundo.com.br/romana/mapa-do-imperio-romano.htm — site. Acesso em 1º de maio de 2013.

Inicialmente, o triunvirato decidiu vingar o assassinato de César. Otávio, na situação de filho adotivo de César, herdeiro de seu nome, negava clemência e perdão aos culpados. Otávio e Lépido, tendo sido companheiros de César, desejavam vingar sua morte. Cleópatra, por sua vez, na posição de mãe de Cesário, demonstrava descontentamento com a reconciliação entre Antônio e Otávio, que ficara com o manto de César, em vez de seu filho.

Os triúnviros iniciaram uma campanha sangrenta contra cem senadores, inclusive dois mil homens ricos e prósperos, apontados como conspiradores e cúmplices do crime. Na verdade, eles precisavam financiar a perseguição contra Cássio e

Brutus, que vinham reunindo um grande exército na Grécia. Esta campanha resultou numa onda de espionagens, traições e denúncias até entre pais e filhos. Dentre os condenados estava Cícero, que enfurecera Antônio com seus discursos conhecidos como "filípicas", que o condenavam por seu comportamento e péssima administração dos negócios de Roma.

Otávio era um jovem frio e calculista e não alimentava nenhum bom sentimento. Permitiu que Cícero fosse arrolado na lista de traidores, apesar da antiga amizade entre ambos. Cícero, nesta época, consistia uma força desgastada que só poderia prejudicar seus interesses. E o antigo filósofo, orador e talvez na História o maior autor em latim, encarou a morte com a mesma coragem que demonstrara anteriormente em vida, durante a conspiração de Catilina. Antes da morte de Cícero, os triúnviros se puseram de acordo e repartiram entre si o Império Romano como se o tivessem recebido por herança paterna. A grande dificuldade foi entrarem em acordo quanto aos que deveriam morrer. Cada qual pretendia eliminar seus inimigos e salvar os parentes e amigos. Finalmente, esquecidos muitas vezes até de laços de consanguinidade, ou amizade, César cedeu Cícero a Antônio e Antônio abandonou-lhe Lúcio César, que era seu tio, irmão de sua mãe: e ambos permitiram a Lépido fazer morrer seu próprio irmão Paulo. É possível que jamais tenha ocorrido um fato mais condenável, mais desumano ou mais cruel do que esse acordo. Mataram amigos e inimigos nessa troca de morte por morte.

Plutarco nessa época não imaginava o que os homens poderosos eram capazes de fazer contra adversários criados pela própria imaginação, sem conhecê-los e sem odiá-los. Mas retomemos o olhar desse cronista para aquele nefasto evento. Superados aqueles pactos de morte, os soldados acantonados nos arredores exigiram garantias mais consistentes de amizade, apontando para isto a aliança de casamento: César deveria desposar Cláudia, filha de Fúlvia, mulher de Antônio. Uma vez atendidos, foram condenados a morrer, por proscrição, trezentos dos principais cidadãos de Roma. E Antônio ordenou aos encarregados daquela infâmia que, depois de morto, deveriam amputar a cabeça e a mão direita de Cícero, a mesma com a qual escrevera as orações Antonianas contra ele. Quanto à cabeça, idêntico fim tivera João Batista. Esta era a lei romana. O amputar a mão é ainda um ritual praticado em alguns países muçulmanos, em decorrência de roubo, principalmente.

Quando entregaram a Antônio os membros decepados, ele os contemplou longamente, demonstrando grande satisfação e depois mandou que os colocassem no lugar mais eminente da praça, sobre a cátedra pública, onde durante sua vida Cícero costumava falar ao povo.

As perseguições continuavam e Cleópatra só recuperou a tranquilidade em 1° de outubro de 42, quando as últimas forças republicanas comandadas por Brutus e Cássio foram desbaratadas perto da cidade de Filipéia na Macedônia Oriental. Cássio foi abatido na primeira batalha. As tropas comandadas por Brutus foram aniquiladas e, sentindo-se perdido, o suposto filho bastardo de César cometeu suicídio, caindo propositalmente sobre a própria espada.

Cleópatra estava livre do perigo e agora tinha os olhos voltados para o novo senhor do universo, o conquistador de Roma.

Cleópatra e o "Novo Dionísio"

Antônio tornara-se o Novo Dionísio, compondo-se com um triunvirato formado por Otávio e Lépido, na verdade, um duunvirato, já que Lépido fora completamente ofuscado pelos demais. Sem as qualidades de César, mas jovem e belo, era o vencedor da batalha de Filipéia que o consagrou como um conquistador.

Sem a seriedade de César, Antônio se exibia cercado por uma extraordinária corte de rabequistas e dançarinos, atores e atrizes, saltimbancos, prostitutas e acrobatas, qualquer pessoa ou coisa que pudesse satisfazer seus desejos ou fazê-lo rir. Era assim que ia percorrendo e conquistando novos países, sempre aclamado como o novo César, o Conquistador, Hércules, o Deus da Guerra.

Naquela época, o Egito ainda era tido como um reino independente e protegido por legiões romanas passadas para o comando de Antônio, estando já impelido pelo desejo de encontrar-se com Cleópatra. Em Roma, Antônio percebera que ela não era uma mulher comum, mas uma rainha, cuja capacidade política seduzira César. Era incomparável em todo o Oriente, ele reconhecia. Além disso, ela poderia ajudá-lo a entender melhor o Oriente. Sob o ponto de vista material, Cleópatra regia um país imensamente rico.

Os palácios do Egito, os edifícios públicos e a capacidade administrativa superavam Roma e Antônio conjeturava realizar uma aliança com aquela rainha, visando a usar Alexandria como o centro do império oriental. Movido por tal ponto de vista, convidou-a para um encontro em Tarso. A partir deste momento é que iremos conhecer o poder estratégico dessa mulher sedutora, política e sábia. Tendo conhecimento da volúpia e dos excessos de Antônio, sendo ela uma rainha, descendente de muitos reis, culta e requintada, não iria apresentar-se a ele como uma simples vassala. Surpreendeu-o fazendo-o sentir a superioridade do mundo helenístico.

De acordo com o relato de Plutarco, a chegada de Cleópatra em Tarso foi triunfal:

> *"A galera onde sentava, como um trono polido,*
> *Queimava nas águas: a popa era de ouro laminado;*
> *Velas roxas, tão perfumadas que*
> *Os ventos estavam apaixonados por elas; os remos eram de prata*
> *E mantinham o remo ao som das flautas, e fazia*
> *A água onde batiam seguir mais rápido*
> *Como amores de suas remadas. Pois sua pessoa*
> *Superou todas as descrições: ela sentava em seu pavilhão*
> *Guarnecido com tecidos de ouro — retratando que Vênus deveria ver*
> *O capricho de sua obra de imaginação: de cada lado dela*
> *Havia meigos meninos como cupidos sorridentes*
> *Com leques coloridos, e o vento*
> *Parecia fazer as delicadas bochechas brilharem e as*
> *Esfriava, e o que desfizeram fizeram."*[39]

Ao contrário do que esperava Antônio, Cleópatra ignorou seu convite para jantar e o atraiu para junto de si, na embarcação em que se encontrava ela, procurando fasciná-lo com a sua riqueza e luxo. E o novo César deparou com uma soberana rica e elegantemente instalada a ofuscar a sua rústica deselegância. Antônio era considerado um homem pouco chegado a cortesias, limitado, do ponto de vista social, mas

[39] *"A chegada da rainha a Tarso causou tal impressão que ainda se encontra na memória humana após mais de dois mil anos. Isso se deve basicamente ao fato de Shakespeare, ao transcrever a tradução de 'North de Vida de Antônio', de autoria de Plutarco, quase palavra por palavra, ter imortalizado a ocasião".* (BRADFORD, op.cit., 2002: 171). Ver: *The Complete Works of William Shakespeare*, London & Glasgow: Collins Clear-Type Press. s/d., p. 889/928.

dotado de um grande senso de humor, em tudo diferente de seu antecessor. Apesar disso, conquistara Cleópatra, que logo notou sua forma rude de expressão, seu estilo simples, sem subterfúgios; viu que ele era mais soldado do que cortesão e procurou tratá-lo à altura, adaptando-se rapidamente aos modos dele, sem grande dificuldade. Considerando o que se tem demonstrado, esta mulher, dotada de um profundo senso político, decidiu tornar-se amante de Antônio e, quando o encontrasse em Roma, deveria saber como tratar os romanos.

Antônio, por sua vez, percebeu que com tal mulher ao seu lado e, contando com o controle da riqueza do Egito, poderia superar Otávio na conquista do mundo, tornando-se logo o senhor do Império Romano. Os relatos sobre a histórica relação entre Cleópatra e Antônio não confirmam se houve ou não um grande amor, mas são unânimes quanto ao fato de que ambos tinham muito a ganhar adotando uma aliança política, embasada na união sexual. Isto não constitui novidade, pois entre as mais ilustres e nobres famílias era costume formar alianças por meio do casamento: Antônio era casado, mas, como fizera César, ele também iria prometer casamento à rainha egípcia no momento certo. De tal união, Antônio é superado pela senhora que sobrepujava em nobreza de sangue e poder a todos os reis de seu tempo, exceto algum rei da Pérsia.

O primeiro encontro os prendeu de forma definitiva, e Cleópatra, sensivelmente superior a Antônio, deu-lhe três filhos. Conseguiu que ele executasse sua irmã e inimiga Arsínoe; e Antônio presenteou-a com a ilha de Chipre, tornando-a a única governante do antigo império ptolemaico do Egito e de Chipre podendo viver confiante na Alexandria, sem os perigos que seus irmãos lhe ofereciam. O pacto foi celebrado em grande pompa, numa tribuna coberta de prata, duas cadeiras de ouro, uma para Antônio outra para Cleópatra, e outras mais abaixo para seus filhos. E todos os presentes testemunharam que Antônio tornava Cleópatra rainha do Egito, de Chipre, da Lídia e da baixa Síria. Cesário, o filho de Júlio César, seria o rei dos mesmos reinos.

Tais procedimentos aumentavam a vaidade e a segurança da rainha que, não somente naquele evento, mas sempre que saía em público, "*diante do povo, vestia-se de trajes sagrados, como a deusa Ísis, e dava audiência aos seus súditos, como uma nova Ísis.*"

Ali, Antônio e Cleópatra passaram o inverno inteiro, estando ele esquecido de suas obrigações políticas na região, entregue a banquetes e a todo tipo de orgias. Esse longo inverno exauriu as forças físicas e políticas desse homem libertino, dominado por uma mulher perspicaz que logo se apoderou dele para alcançar sucesso em suas expectativas políticas.

Antônio acabou necessitando dessa rainha, exceto para empunhar uma espada. Tornara-se o mais alexandrino dos alexandrinos. Apaixonara-se pela cidade. Vestia-se como um grego, mesmo estando em atos públicos. Cleópatra engravidou, daria à luz um menino e uma menina, que se chamaram Alexandre Hélio e Cleópatra Selene, respectivamente, filhos do nobre romano devasso.

Neste período, na Itália, Fúlvia, a esposa de Antônio, juntamente com Lúcio, o irmão deste, iniciara uma batalha contra Otávio, decidida a expulsar de Roma o herdeiro de César. Mesmo assim, Antônio não atendeu aos seus apelos e permaneceu ao lado de Cleópatra. Continuava desperdiçando um precioso tempo, enquanto sua esposa e seu irmão perdiam a campanha contra Otávio. Havia confrontos no Mediterrâneo e, no Oriente, os partas avançavam contra a Síria, matando o seu governador; avançaram contra a Judéia, tomando Jerusalém enquanto Herodes buscava abrigo em Massada; Otávio se fortalecia politicamente e Fúlvia buscava refúgio no Oriente.

O desastre se alastrava e Antônio pôs-se à luta seguindo para Chipre, Rodes e Atenas, onde se encontrou com a esposa. Transcorrido pouco tempo, Fúlvia morreu e Antônio, mesmo viúvo, não poderia casar-se com Cleópatra que não seria reconhecida em Roma. Porém, a situação civil de Antônio possibilitava-lhe contornar o impasse criado por sua esposa contra Otávio que, em troca da reconciliação, lhe ofereceu em casamento sua irmã Otávia, cujo enlace, conforme o costume, se consumou sem os atrativos do amor, mas com reforços políticos.

Este ato pareceu a Cleópatra um fracasso de seus desígnios, apesar dos filhos que dera a Antônio. No outono de 39, Otávia deu à luz uma menina, e Antônio logo partiu para a Grécia, retomando o estilo de vida que levara em Alexandria. Vivia como um Novo Dionísio numa vida totalmente orgíaca, entre os amantes de todos os prazeres, enquanto Otávio malograva em seu primeiro embate marítimo com Pompeu, perdendo grande parte de sua nova esquadra. Era o ano 38. Otávio, descontente porque Antônio não atendera a seu apelo para auxiliá-lo contra Pompeu, tranquilo quanto ao fato de Lépido manter-se inofensivo na África, estava determinado a eliminar o amante de Cleópatra. Sentia-se fortalecido com a amizade de Agripa (um guerreiro, estrategista e excelente administrador) estando incentivado por homens ricos como Mecenas e os poetas Virgílio (o autor d'*A Eneida*) e Horácio, que marcariam esta época como a "*Era Augusta*".

Contudo, o triunvirato se renovou para um período de cinco anos, por meio do pacto conhecido como "*Pacto de Tarento*" (uma cidade italiana do sul, um porto sobre o mar Jônico, uma das maiores cidades gregas da antiguidade). Uma vez realizado o pacto, Antônio concordou em emprestar a Otávio cento e trinta navios para que ele pudesse dar continuidade à sua guerra, e Otávio emprestou a Antônio vinte mil legionários. Agora, com a ajuda de Agripa, Otávio se sentia forte para derrotar o "*Filho de Netuno*", conforme Pompeu se autodenominava.

Antônio retornava ao Oriente levando consigo Otávia, que fora persuadida a retornar a Roma, porque estava grávida e a viagem poderia fazer-lhe mal. Na verdade, essa mulher virtuosa e boa, conforme a descreve Bradford, causava certo constrangimento ao guerreiro devasso e extravagante. Preferia a liberalidade de Cleópatra, já acostumada ao seu estilo de vida. Com ela poderia governar o mundo, tendo em vista a sua esquadra, sua inteligência, vivacidade e visão política. Separados há três anos, decidiu mandar chamá-la para retomar a aliança, uma vez que sua grande pretensão era formar uma dinastia romano-ptolomaica para governar o mundo.

Cleópatra, agora numa situação superior à de Antônio, que precisava de sua ajuda, saiu ao encontro dele. Insistiu num casamento legal, que na verdade não seria reconhecido em Roma, mas válido para o Egito. De acordo com os planos, Cesário, filho de César, reconhecido por Antônio, seria o herdeiro legal do império; os demais, filhos de ambos (Antônio e Cleópatra), herdariam pequenos reinados dentro do império. Assim, Antônio, pretendendo ser mais que um imperador, com o título de "*Governante Absoluto*" de todo o Oriente, junto com a rainha, seria o regente do Egito. As moedas receberam, então, a datação a partir de 37, quando certamente fora celebrado o casamento de ambos. As moedas agora exibiam as cabeças de Cleópatra e de Marco Antônio.

O casal passou o inverno daquele ano em Antioquia, uma cidade nobre, a terceira do Mediterrâneo, depois de Roma e Alexandria. Ali baseado, Antônio realizou os preparativos para atacar os partas, no começo do ano seguinte. Durante esse período, Cleópatra deu à luz ao seu quarto filho, outro menino que recebeu o nome de Ptolomeu Filadelfo.

Enquanto isso, perante o Senado e o povo de Roma, Otávio acusava Antônio de haver desmembrado o império com seu insensato procedimento, aliando-se à rainha do Egito. Denunciava-o ainda de haver introduzido indevidamente Cesário na família de César, contra a dignidade do império, sendo possível que até pretendesse mudar Roma para o Nilo ou oferecer a Cleópatra a Roma dos Césares. Fazia espalhar notícias a respeito da vida devassa que o triúnviro levava no Oriente a fim de obter a adesão popular contra Antônio.

Este, por sua vez, defendia-se alegando que Otávio se negara a dividir com ele a Sicília, recém-tomada de Pompeu. Que Otávio se apoderara da autoridade e do exército arrebatado de Lépido; que dividira a Itália entre seus próprios soldados, sem nada outorgar aos veteranos. Assim, Antônio se lançava a outras conquistas tendo sempre Cleópatra ao lado, ajudando-o com o seu dinheiro e os seus navios, temendo que ele se reconciliasse com a esposa romana e com Otávio. Entre os preparativos para os ataques havia sempre a realização de festas suntuosas, instigando Otávio, cada vez mais exasperado, a articular-se com seus aliados, no sentido de declarar guerra não a Antônio, mas a Cleópatra.

Houve um tempo em que a população estava descontente com Otávio em vista de sua ambição desenfreada, deixando o império desguarnecido e de haver elevado as taxas de impostos. E se Antônio tivesse lhe declarado guerra neste momento o teria vencido, conforme a análise dos historiadores consultados. Mas ele preferiu transferir a decisão para momento mais oportuno, dando ensejo a que a opinião pública se voltasse contra ele próprio que, dentre tudo o que já se discutiu nesta reflexão, presenteara Cleópatra com a Biblioteca dos reis de Pérgamo e a proclamara rainha.

Foi então na Grécia que o oriente e o ocidente se encontraram. Das províncias que lhe pertenciam na Ásia e na África, Antônio arregimentou duzentos mil soldados a pé, doze mil soldados de cavalaria, oitocentas embarcações e inúmeros aliados estrangeiros, conforme observou Césare Cantú, no volume quinto de sua *História Universal.* Otávio, comandando da Ilíria ao Oceano, na costa da África, fazia face à Itália, à Gália e à Espanha, sem contar em suas fileiras um único príncipe estrangeiro. Suas forças eram formadas por oitenta mil homens de infantaria, doze mil cavalos e duzentos e cinquenta navios, pondo em desvantagem o inimigo, tendo em vista os equipamentos de que dispunha.

Era o mês de agosto do ano 31. Antônio mantinha o exército de terra em Ácio e a frota atracada no Golfo de Ambrácio, perto dali. Enquanto isso, Agripa, às vistas de Antônio, interceptava os comboios do Egito, da Síria e da Ásia, tomava muitas cidades, provocando várias deserções das fileiras do inimigo. Antônio, supondo que estivesse sendo traído, executou sob tormentos os homens de seu regimento que lhe pareceram infiéis. Enquanto isso, seu general Canídio o aconselhava a conquistar as planícies da Trácia e da Macedônia, onde suas tropas poderiam ter um melhor desempenho, garantindo-lhe vantagem sobre Otávio, em vez de atacar suas frotas. Os romanos eram mais bem sucedidos em terra do que no mar. Por isso, era preferível deixar aos egípcios e aos fenícios os combates navais, considerando a histórica bravura deles em alto mar.

Contudo, aconselhado por Cleópatra, Antônio se expôs ao inimigo e numa cruenta batalha viu perder suas esperanças de vitória. Desorientado, decidiu defender Cleópatra, pois seus sessenta navios haviam fugido para o Peloponeso. Neste ponto, os relatos divergem quanto aos reais objetivos de Cleópatra. Para uns, a esta altura, ela pretendia conquistar a confiança de Otávio, voltando-se contra o companheiro; outros defendem a ideia de que a rainha se mantivera fiel a ele. Mas o certo é que a vitória foi do ocidente, nesta batalha, graças à deserção do general. Otávio contava agora com a lealdade dos soldados que se sentiram abandonados por Antônio, devotado à rainha egípcia. Apenas os gladiadores se mantiveram ao seu lado, completamente inerte ante o inimigo. Juntou-se novamente a Cleópatra, estando abandonado pelas quatro legiões da Cirenaica. Retirou-se em seguida para a torre de Timon, perto de Alexandria, certo de que fora irremediavelmente vencido. Cleópatra, tornada prisioneira de Otávio junto com suas escravas Iras e Charmian, chegou até ali tentando reanimá-lo, tendo já enviado ao vencedor o trono e o cetro de ouro. Entregara a Otávio: Pelusa, a chave do Egito e ambos trocavam mensagens, cujo teor é tido como amorosas ou, apenas cordiais, se considerarmos tratar-se de dois políticos excelentes, ardilosos e muito ambiciosos.

Certo da vitória, Otávio rendeu graças aos deuses pelo triunfo e ofereceu os mais preciosos mimos sacros a Apolo Ático, venerado na península de Áctio; mandou revestir com mosaicos o espaço ocupado antes pela sua tenda, ornamentando o local, os rostros dos navios conquistados e tudo isto foi consagrado ao culto do mesmo deus. Fundou no local do acampamento uma nova cidade, Nicópolis, a cidade da vitória. Além disso, fez retornar a prática dos jogos áticos, realizados de quatro em quatro anos, que outrora tinham a mesma importância dos outros jogos nacionais da Hélade. Postos em prática, esses planos foram sua alegria, sem dúvida, nos dias subsequentes à batalha. Otávio sonhava completar seu triunfo com um esplêndido cortejo.

Neste ponto, deixemos Otávio à sua própria sorte, para acompanhar o desfecho da história da rainha Cleópatra, ligada à história de Antônio, que, ignorando tais acontecimentos, ainda se debatia contra o inimigo, quando este atingiu as portas de Alexandria e ele ofereceu a Cleópatra os seus melhores soldados para que a defendessem até a morte. Traído pela própria cavalaria, sua infantaria foi desbaratada, enquanto a esquadra egípcia se reunia à de Otávio. Vendo-se perdido, Antônio caiu sobre a espada, que penetrou seu corpo abaixo da costela. Ainda agonizando, foi levado à presença de Cleópatra que o amparou até a morte. Ela já não era mais Ísis nem a rainha do Egito, mas apenas uma mulher tentando ainda seduzir o seu provável algoz. Este é o fim de Antônio descrito por Bradford.

Porém, Wertheimer contraria esta versão e afirma que, desde a derrota de Áctio, desde a catástrofe inaudita em que o mundo se desmoronara em torno dele, Antônio pensara com frequência em suicídio; "*faltava-lhe, porém, a coragem de converter o pensamento em ação e o receio do fim inspirava-lhe, pelo contrário, uma resistência obstinada.*" E a notícia da morte de sua idolatrada rainha deixou-o tão desesperado, que lhe deu a força necessária para renunciar ao mundo. "*Seria a sua primitiva vitalidade ou a sua fraqueza o que, ainda então, lhe retardou a hora final?*", pergunta Wertheimer.

A imaginação, ou os conhecimentos desse autor, vão mais longe. "*Antônio ordenou a Eros, um dos seus escravos, que lhe cravasse uma espada no coração. O mísero cativo levantou a arma, dirigindo-a, todavia, contra si próprio. O amo levantou a custo, lançou mão da espada, golpeou-se com ela e caiu, exausto, no chão. O ferimento não teve o poder de o fulminar.*" Sentindo dores atrozes, o infeliz implorava para que alguém o libertasse delas. E infere: "*É de crer que a autora do mal, Cleópatra, espreitasse, ansiosa, o anúncio de que o seu ardil pro-*

duzira o desejado efeito fatal. [...] soube decerto que o infeliz ainda vivia e que lhe restava jogar mais uma partida decisiva."

Mesmo em tal situação, Antônio continuava preocupado com a rainha e queria vê-la. E a continuidade da narrativa coincide com a de Bradford. Wertheimer, porém, nunca afirma o fato, quase sempre trabalha com hipóteses, como se não confiasse nos documentos, ou nos pesquisadores, ao contrário de Bradford, que é sempre enfático, no qual preferimos nos basear. Mas a principal fonte será sempre Plutarco, provavelmente a fonte mais confiável.

Segundo Bradford, o corpo de Antônio foi removido para o mausoléu onde Cleópatra se refugiara com suas duas escravas. Contudo, ela obteve permissão para providenciar os ritos funerários de seu amante e acompanhar o cortejo; caiu muito doente, ante o triunfo de Otávio, agora senhor do Egito também. Os filhos que tivera com Antônio foram enviados a Roma, e Otávia, a esposa de Antônio, os amparou e os criou como se fossem seus próprios filhos. Cesário, o filho de César, foi executado por ordem de Otávio, que não o aceitava como um provável herdeiro do Império Romano.

Temendo ser levada em triunfo para Roma, conforme o costume, Cleópatra conseguiu burlar a vigilância que Otávio determinara contra ela, encerrada no mausoléu. Dizem os cronistas que um homem do campo se aproximou do mausoléu levando uma cesta com figos cobertos por algumas folhas. A cesta foi entregue à rainha. Além dos figos, diz a lenda que havia também a serpente com a qual Cleópatra pretendia se matar.

Apelando para subterfúgios, a rainha conseguiu afastar os guardas responsáveis por mantê-la viva, estando acompanhada apenas pelas suas fiéis criadas Iras e Charmian, que depois foram encontradas mortas. Havia duas pequenas marcas "*em um dos braços de Cleópatra, e, no subsequente Triunfo de Otávio, uma das principais atrações foi um retrato de Cleópatra com uma serpente pendurada em seu pescoço,"* conforme escreveu Plutarco.

Nesta época, por motivos facilmente compreensíveis, Cleópatra inteirou-se a respeito de substâncias tóxicas: envenenara em Áctio um prisioneiro a fim de convencer Antônio de que as flores do seu cálice estavam envenenadas. A rainha continuou fazendo experiências com os condenados e ficava a observar pelo aspecto e pela resistência dos agonizantes, a ação mais ou menos rápida dos vários venenos e a intensidade do sofrimento que causavam. Tais "*estudos*" tinham por objetivo alcançar a maneira mais suave de passar à outra vida. Neste caso, Cleópatra seria o símbolo da fria crueldade peculiar da época, mas também de um espírito supremamente engenhoso.

O Triunfo de Otávio foi ofuscado pela ausência da rainha acorrentada desfilando pelas ruas de Roma. E a morte da última Ptolemaica encerrava a trajetória dos lágides que durara duzentos e noventa e quatro anos. Cleópatra morreu aos trinta e nove anos, ignorando o destino de seus filhos. Virou lenda e os registros de sua existência ora a enfocam como uma mulher infame, capaz de toda sorte de perfídia; ora a enquadram no rol de mulheres que honraram a história por sua perspicácia, poder de sedução e majestade.

Mas ficou o eco de sua reiterada afirmação: "*Ninguém me exibirá num triunfo*!" Esta decisão final a diferenciou de sua irmã que rolou pelas ruas de Roma como um troféu; Cleópatra passou a ser admirada por não aceitar a sorte humilhante a que se resignara Arsíone; "*Ninguém me exibirá num triunfo*" marcou a rainha como uma confissão de sua caminhada para a ruína, pois ela sabia quanto seria precioso para Otávio ostentá-la acorrentada, como um troféu de guerra, num cortejo triunfal para alegria dos inimigos que ela fizera em Roma. Essa enérgica decisão seria mais tarde o apoio moral sobre o qual se sustentaria Zenóbia, a "*rainha do deserto*", supostamente prima de Cleópatra, como está demonstrado no capítulo seguinte.

O que fica para o observador desta história é o fato de os pesquisadores terem olhar diferente em relação a esta rainha. Dentro da limitação deste estudo, temos o olhar de Wertheimer que observa a romanidade reintegrada com a ruína de Antônio e de Cleópatra que não conhecera inimigo pior do que a soberana egípcia: "*Cleópatra corrompera o divo César e o valoroso Antônio, e ambos haviam tombado, o primeiro seduzido talvez pelos seus planos funestos, o segundo arruinado por ela.*" Havia, portanto, sede de vingança, rancor, desejo de expressar escárnio, desdém, injúria e baixeza disseminados pela terra dos Césares. Cleópatra certamente sabia disso muito bem.

Melhor destino não estaria reservado para Zenóbia que, à sua maneira, também tentou superar Roma, subestimando seus governantes. Cleópatra lutou para tornar-se Imperatriz de Roma e de todo o mundo Mediterrâneo, governando pela dinastia Júlio-Ptolomaica; a ambiciosa Zenóbia, que constituiu o seu próprio império desafiando a poderosa Roma, foi derrotada por Aureliano, o Grande Imperador, como se verá no relato seguinte.

Figura 5. Esta cabeça em pedra calcária, que durante anos se supôs ser uma escultura moderna da fabulosa Rainha do Egito, foi na realidade desenterrada de ruínas romanas 18 séculos depois de sua morte. Encontra-se atualmente no Museu Britânico.
Fonte: http://www.starnews2001.com.br/cleopatra.html (Acesso em 08.09.2010).

4

ERA CRISTÃ

Antecedentes

A vida de Zenóbia ilustra um período que marca a evolução da sociedade nos aspectos políticos, culturais, sociais e religiosos. Anteriormente, vimos que César se autoproclamou descendente da deusa Vênus e por isso seus poderes eram ilimitados; Cleópatra era considerada a nova Ísis e agia como se o fosse. Estando cambaleante o apogeu dos deuses, surge a era cristã, marcando uma nova forma de vida e de poder. Por isso, não mais necessidade de tantos deuses, cada qual com uma missão perante as coisas e a humanidade. Deuses masculinos e femininos. A nova era, baseada no judaísmo, com exceções, institui um Deus, ente infinito, eterno, sobrenatural e existente por si só; causa necessária e fim último de tudo que existe conforme o define Antonio Houaiss. Estava lançado o gérmen do cristianismo.

A trajetória de Zenóbia inclui o cristianismo em seus primeiros passos, remetendo o observador a importantes transformações socioculturais. Os historiadores buscam a origem da formação do cristianismo além da pessoa de Jesus Cristo como um processo evolutivo. Os primórdios do cristianismo levam a pensar a sociedade, a cultura e a religião da Palestina Antiga, um contexto em que Jesus e seus apóstolos viveram e onde surgiu a Igreja Primitiva. Esse contexto é muito importante, uma vez que as culturas aí desenvolvidas influenciaram a prática e/ou a doutrina do cristianismo primitivo, fundamentado no judaísmo. Antes disso, porém, havia outros povos, cujos mitos e deuses deram sua parcela de influência à formação do cristianismo.[40]

O orfismo, com seus cultos de mistérios, prometendo uma vida melhor após a morte, parece ter influenciado o início do cristianismo.[41]

A cultura grega, ao fundir-se com a cultura do Oriente Médio e com a do Egito, a nordeste da África, deu origem à cultura *helenística,* que abrange a história, a cultura ou arte gregas, após o advento de Alexandre, o Grande.

Neste sentido, podemos também avaliar a diferença entre a religião para os gregos e para os cristãos. O cristianismo, apesar de haver algumas semelhanças com alguns aspectos da religião dos gregos, emerge com uma proposta diferente: o cristão deve reverenciar apenas a um Deus. Por outro lado, o culto, uma prática também existente na cultura judaica, para os gregos, era algo que deveria ser dirigido aos antepassados da família. Fora do ambiente familiar havia cultos nas cidades, antes das cerimônias públicas, pois cada cidade tinha sua festa religiosa.

Os gregos consultavam os oráculos, havia a pitonisa, a sa-

---

[40] A sociedade, a cultura e a religião são três fatores importantes, porque este contexto foi o berço de Jesus e de seus apóstolos e, consequentemente, da Igreja Primitiva... Sendo descendente de judeus, Jesus foi criado numa comunidade judaica, politicamente dominada pelos romanos, e teve contato com resquícios da cultura grega. Para estudar este fato, é necessário, então, fazer uma abordagem sobre a civilização grega, a greco-romana e a civilização romana; é necessário também observar a trajetória dos invasores bárbaros (os Celtas, os germanos e os eslavos). Feito isto, encontraremos os fundamentos do Cristianismo na religião do povo judeu, embora haja também outras influências.

[41] O Orfismo era uma religião de mistério no antigo universo grego, propagado a partir dos séculos VII e VI a.C. Seu fundador teria sido o poeta Orfeu, que desceu ao Hades e retornou (comparar com a oração O Credo dos católicos). Os órficos também reverenciavam Perséfone — que descia ao Hades a cada inverno e voltava a cada primavera — e Dionísio ou Baco — que também desceu e voltou do Hades. Como os mistérios eleusinos (na Grécia antiga, festas realizadas em Elêusis, em homenagem a Deméter), os mistérios órficos prometiam vantagens no estágio além da vida.

cerdotisa do templo de Apolo, os sacerdotes faziam revelações sobre o futuro dos peregrinos, e alguns desses costumes chegaram até o Egito. Aos sacerdotes cabia também a função de executar o cerimonial, conforme as tradições do culto e as diferentes divindades. Havia um cerimonial para o sacrifício dos animais, cujos responsáveis deveriam purificar-se por meio de banhos e abstinências. Estando os deuses tão *antropomorfizados*, tão próximos das misérias humanas, os cultos certamente não satisfaziam as consciências.

A religiosidade romana

Assim como os gregos, os romanos procuravam explicar aspectos da realidade, inexplicáveis de forma científica. Pela mitologia, os romanos davam esclarecimentos sobre a origem da primeira cidade e do Império. Tendo tentado implantar uma monarquia de estilo oriental, César fracassou, Antônio e Cleópatra foram vencidos e Otávio, que participou da desdita de ambos, instalou-se no poder. Em 27 a.C., ao receber o título de Augusto, só conferido até essa data aos deuses, Otávio (César Otávio Augusto) extinguiu a República e deu início ao principado.

Com esse título, ficou também instituído o culto ao imperador, praticado no Oriente. Essa forma de reverência era dedicada aos deuses, em favor de antepassados da família que estivessem praticando o culto. E os romanos, sob Otávio, passaram a cultuar em suas casas também a pessoa do imperador. Ao morrer, em 14 a.C., Otávio foi apoteoticamente integrado ao reino dos deuses. Mais tarde, na Idade Média, um nobre se tornava rei *pela graça de Deus*.

Os romanos eram politeístas, seu universo religioso era povoado por inúmeros deuses com qualidades e defeitos, retirados do imaginário grego, mas *batizados* com outros nomes.

Tendo sofrido influência grega, seus deuses eram identicamente *antropomórficos*. As famílias cultuavam também como deuses seus antepassados mortos. Estes eram os *Deuses Manes*, adorados como deuses bons. Quando negligenciados, voltavam sob a forma de fantasmas para torturar os vivos. Os deuses grandes protegiam todo o Estado, estavam acima dos deuses familiares. Havia, então, muita semelhança entre a religiosidade dos gregos e a dos romanos, em cujo elenco figuravam deuses como Júpiter, Juno, Marte, Diana, Vênus, Ceres e Baco.

Nas províncias, especialmente do ocidente, a *romanização* tinha o peso de uma promoção cultural, social e jurídica e, por isso, as cidades adotavam os deuses do panteão romano; edificavam um "Capitólio" ou templo sagrado a Júpiter. Isto não significava que estivessem se submetendo às suas crenças, mas sim homenageando Roma e sua forma externa de civilização.

Em Roma, quando o culto ocorria no templo, ali também eram realizados os sacrifícios. O sacrifício, rito principal do culto, era assistido com muito recolhimento. Tanto para os gregos como para os latinos, todo sacrifício era seguido de uma refeição em que se comia a vítima imolada depois de cozida no altar. Os assistentes comiam a carne e os deuses recebiam a fumaça. Os restos permaneciam no altar e os mendigos se serviam deles. Isto lembra a instituição da "Santa Missa" pelos católicos ("Este é o meu corpo... Este é o meu sangue que será derramado por vós...").

Em um determinado momento, no Império Romano, quando os seus habitantes se alegravam por seu próprio estilo de vida, agradeciam a Roma. Com o Imperador Augusto houve o "restabelecimento da ordem e da paz...". A gratidão das populações tomou uma forma religiosa. Nas províncias os habitantes já prestavam culto à 'deusa Roma': doravante, ofereceriam sacrifícios 'a Roma e a Augusto'. A própria Roma tinha sido divinizada. Convém mencionar que todos os órgãos do Estado observavam escrupulosamente os seus ritos. O Imperador dava o exemplo e o Senado, por sua vez, zelava por isto.

Augusto "não ousou permitir que o adorassem dessa maneira, mas permitiu ao povo associar o seu 'gênio' aos deuses dos lares que se veneravam em cada bairro: os Romanos invocaram daí por diante 'os lares e o gênio de Augusto'." Enfim, quando Augusto morreu, em 14 a.C., com idade de setenta e seis anos, o Senado concedeu-lhe a apoteose, isto é, o lugar entre os deuses.

O Império Romano na era cristã

Enquanto isto persistia, na Palestina Antiga havia um movimento que iria mudar a História. Nos dois primeiros séculos ocorreriam profundas transformações religiosas no Império Romano, fazendo recuar os greco-romanos ante o poder de persuasão das religiões orientais. Da religião de Israel desabrochava o cristianismo que, ao penetrar no Império Romano, não aceitava a divinização do governante (o culto ao Imperador). Iniciou-se, então, uma feroz perseguição dos imperadores romanos ao cristianismo, conforme registra a História.

Nas anotações do imperador Adriano (117-138 d.C.), publicadas por Marguerite Youcenar, encontra-se este relato: "Foi por esta época que Quadrato, bispo dos cristãos, enviou-me uma apologia de sua fé. Tive por princípio manter a respeito dessa seita a linha de conduta estritamente equitativa que Trajano seguia nos seus melhores dias; acabava de lembrar aos governadores das províncias que a proteção das leis estende-se a todos os cidadãos, e que os difamadores dos cristãos seriam punidos se fizessem contra eles acusações sem provas. Mas toda tolerância concedida aos fanáticos os faz acreditar imediatamente que se trata de uma manifestação de simpatia pela sua causa; custa-me crer que Quadrato esperasse fazer de mim um cristão; em última análise, quis provar-me a excelência de sua doutrina e, sobretudo, sua inocuidade relativamente ao Estado. Li sua obra; tive mesmo curiosidade de mandar recolher por Flégon informações sobre a vida do jovem profeta chamado Jesus, que fundou a seita e morreu vítima da intolerância judaica há cerca de cem anos. Consta que o jovem sábio deixou preceitos bastante semelhantes aos de Orfeu, ao qual seus discípulos o comparam por vezes."

Conhecedor de todos os deuses gregos, egípcios e romanos, inclusive de seus respectivos ritos e os apreciando, Adriano prossegue: "Através da prosa singularmente trivial de Quadrato, não deixei de apreciar o encanto enternecedor daquelas virtudes de gente simples, sua doçura, sua ingenuidade, a dedicação recíproca; tudo aquilo se parecia muito com as confrarias que os escravos ou os pobres fundam um pouco por toda a parte em honra dos nossos deuses, nos subúrbios populosos das cidades."

O autor refere qualidades mais viris e mais lúcidas e conclui: "Cansei-me depressa dos argumentos capciosos de Quadrato e das suas amostras de filosofia inabilmente copiados dos escritos dos nossos sábios."

Apegado às suas tradições, Adriano cita e aprova a opinião de um certo Chábrias que, "sempre preocupado com a correção do culto a ser oferecido a nossos deuses", demonstrava inquietação com a propagação de seitas "desse gênero entre a população das grandes cidades", defendia as velhas religiões que não impunham ao homem a força de nenhum dogma passível de interpretações muito variadas como a própria natureza e permitindo aos corações austeros inventar ao bel-prazer; as velhas religiões, sem submeter as massas a preceitos excessivamente estritos, não davam margem ao constrangimento e à hipocrisia.[42]

[42] YOUSSENAR, Marguerite, *Memórias de Adriano,* p. 189.

Nesta carta-testamento que Adriano escreve ao jovem Marco Aurélio, o futuro imperador filósofo, e Marguerite Youcenar transforma num romance histórico, o soberano profetiza: "Se os bárbaros se apoderarem alguma vez do império do mundo, serão forçados a adotar alguns dos nossos métodos; acabarão por se parecer conosco. Chábrias preocupa-se com a ideia de ver um dia o Pastóforo de Mitra ou o Bispo de Cristo instalar-se em Roma, e aí substituir o Sumo Pontífice. Se por desgraça esse dia chegar, meu sucessor na Colina Vaticana terá deixado de ser o chefe de um círculo de adeptos ou de um bando de sectários para se tornar, por sua vez, uma das figuras representativas da autoridade universal." A vida desse imperador romano estava prestes a se apagar e, por indução ou dedução, conclui que essa autoridade herdaria os palácios, arquivos, "diferirá de nós menos do que poderá parecer. Aceito com calma essas vicissitudes de Roma eterna."[43]

Esta previsão seria concretizada: antecipando os fatos que precederam o foco deste capítulo, trazemos à memória o Império Romano do ocidente ruindo em 476 quando o último imperador Rômulo Augústulo seria deposto pelos hérulos. A parte oriental desse império conhecida como Império Bizantino sobreviveu até 1453, com a Queda de Constantinopla.

Sobre as cinzas de muitos adeptos das mais diferentes seitas, os bárbaros tripudiariam e o cristianismo seria definitivamente reconhecido sobre os demais credos no ocidente. Não cabe aqui comentar os meios pelos quais os futuros pregadores desse credo, muitos séculos depois, se apoiaram para espalhar-se e dominar uma grande parcela do mundo, quando as decisões oscilavam entre o poder do Santo Padre e o poder do Rei.

Por que o cristianismo venceu?

Se pensarmos que na primitiva doutrina cristã, baseada

[43] YOUSSENAR, Marguerite, *Memórias de Adriano*, p. 248.

no desapego aos bens materiais, na simplicidade, no amor ao próximo e no perdão às ofensas, não havia nada que pudesse chocar a consciência religiosa dos romanos e justificar a intolerância. A perseguição perpetrada pelos romanos contra os cristãos só se explica sob o ponto de vista político e não religioso. O adepto do monoteísmo cristão, negando o culto ao Imperador, opondo-se ao militarismo, ao escravismo e defendendo a igualdade entre os homens, comprometia a estrutura social e isto constituía uma ameaça à ordem pública. A resistência e a luta dos cristãos contra as perseguições do Estado romano provocaram o fortalecimento e a propagação do pensamento cristão ao qual, num contínuo, iam se agregando novos adeptos, sobretudo entre a camada oprimida da sociedade, atraída pela resignação dos fiéis.[44]

Voltemos ao século III, quando ainda imperavam os poderosos ídolos, o Deus de Israel jamais seria deposto e o Deus dos cristãos já era defendido por um respeitável número de seguidores.

Em tal contexto, veremos que a rainha do deserto, objeto de reflexão neste capítulo, conviveu pacificamente com per-

---

[44] O cristianismo só começou a ser tolerado no século IV, quando o imperador Constantino (280-337) promulgou o Edito de Milão em 313, determinando o fim das perseguições e concedendo liberdade de culto aos cristãos. Flavius Valerius Constantinus, conhecido como Constantino I, Constantino Magno ou Constantino, O Grande, proclamado Augusto pelas suas tropas em 25 de julho de 306, governou o Império Romano até sua morte. Foi o primeiro imperador romano a confirmar o cristianismo após sair vitorioso na Batalha da Ponte Mílvio, perto de Roma, um sucesso que ele atribuiu ao Deus cristão, porque na noite anterior sonhara com uma cruz, na qual estava escrito "sob este símbolo vencerás"; e, de manhã, antes da batalha, ordenou a pintura de uma cruz nos escudos dos soldados. Conseguiu uma vitória esmagadora sobre o inimigo. Mas continuou adorando o deus sol (Deus Sol Invicto).O cristianismo foi reconhecido como credo oficial do Estado, por esse imperador, no Concílio de Nicéia I, em 325, presidido por Hósio de Córdova, do qual participaram 330 bispos. Esse concílio discutiu vários aspectos dos dogmas católicos, dentre eles: diminuição das proposituras arianas e perseguição de seus seguidores; a definição da Páscoa como celebração ocidental que deveria ocorrer no primeiro domingo depois da primeira lua cheia e seguir ao equinócio da primavera.

sonagens eruditas de várias crenças ou tendências, causando alguns impasses políticos e religiosos. Na biografia de Zenóbia não consta o comportamento desregrado com relação aos prazeres do sexo. O grande prazer dos sentidos, ou as sensações demonstradas por esta mulher procediam das demais categorias dos sete pecados capitais, exceto o ócio. Isto a torna singular.

5

ZENÓBIA, A RAINHA DO DESERTO

Uma mulher que logrou sob seu cetro
quase toda a Ásia romana e o Egito
deve ter sido extraordinária.

Kátia Curtis

A mulher no horizonte do Cristianismo — o universo dominado por Roma

A elevação de Zenóbia ao trono de Palmira terá sido um ato do acaso ou de premeditação, pois os cronistas desse fato divergem quanto às causas e aos autores da morte de seu marido, Odenato II, e do filho dele, Herodes (não confundir com seu homônimo que tentou matar Jesus Cristo), o sucessor do trono. Antes de observar esta mulher tornada rainha comandando um exército poderoso, retrocedamos aos antecedentes de sua breve trajetória política.

Havia um oásis conhecido como Tadmor, que os romanos batizaram como Palmira, obviamente pela quantidade de Palmeiras existente até hoje ali. Tadmor era uma cidade caravaneira em meio ao inóspito deserto sírio. Localizada no coração do deserto, afastada igualmente de Damasco, a capital da Síria, na mesma proporção em que esta se distancia da Mesopotâmia, Palmira se encontra a mais de 200 quilômetros a oriente da cidade de Damasco, a meio caminho entre os rios Eufrates e Orontes, que corta a atual cidade de Homs, cidade em que recentemente ocorreu uma batalha cruenta entre civis e militares contra a ditadura de Bashar al-Assad. No momento objeto deste estudo, Homs era conhecida como Emese ou Emesa, conforme grafam alguns autores.[45]

Recuemos: por volta do século I d.C. e tempos depois, alguns documentos e textos literários referem a existência de uma importante cidade como capital de um estado independente, ocupando uma posição vitoriosa, imediatamente após a queda dos selêucidas e a guerra civil em Roma. Palmira foi,

[45] Homs — em árabe: حمص, antigamente chamada "Emese".

então, tentando ganhar posição favorável entre os dois grandes poderes da época: a Grécia e a Pérsia (Irã).

Um texto de Appiano, refletindo sobre as sublevações de 41, menciona a primeira vez que Roma tenta interferir nos negócios desta cidade. Ele diz que "*quando Antônio* (o amante de Cleópatra) *envia seu cavaleiro a Palmira... e ordena a pilhagem da cidade para sua própria satisfação... ele não pretende penalizar os palmirenses... exceto seu direito... eles eram apenas comerciantes que compravam os produtos da Índia e da Arábia procedentes dos persas para vendê-los aos romanos*". Esse texto obviamente denota que Palmira permanecia independente, apesar de ter se tornado província do Império Romano quando o então procônsul Pompeu a anexou ao seu território, em 64, pondo fim ao Império Selêucida.

No ano 50, Palmira ainda se mantinha independente, apesar de Roma deter o controle das principais rotas, passagens e refúgios no entorno da Síria, do Egito e da Ásia Menor, contando com a conivência de seus governantes.

Após este fato, observa-se que Palmira, o oásis do deserto sírio, se converte em um "*importante centro de caravanas e comércio para o Leste. Como parte do Império Romano*", localizada na fronteira com o império parta, Palmira enriquece com a cobrança de taxas, procurando segurança nas rotas caravaneiras. O vasto território e seus interesses eram protegidos por "*miharates*" (soldados do deserto), cavaleiros e famosos arqueiros.

Plínio, o Novo, afirma que Palmira conseguiu manter sua independência usando um sutil jogo pendular entre os dois impérios rivais dos romanos e dos partas. Entretanto, pelas inscrições encontradas naquele sítio, Palmira, uma vez anexada a Roma, conquistou o *status* de cidade tributária, sem autonomia e sob a autoridade de Antíoco. Como o objeto deste trabalho é o breve reinado de Zenóbia, entremos na era cristã que controlou grandes áreas da Ásia Menor, Síria, e Egito, criando um império próprio e independente, como se verificará posteriormente. A era cristã, no contexto a que nos propomos investigar, nos conduz a fatos que deram ensejo ao surgimento da dinastia Odenato, tendo sido Odenato II o marido de Zenóbia.

Meio século depois, ocorre o reinado de Trajano (53-117). Em 106 a atividade de Mada'in Saleh (a Petra da Arábia Saudita) faliu e foi anexada a Roma, tendo o fato se revertido em benefício de Palmira. Seus negócios prosperavam, e o governo passou a controlar todas as rotas entre o Extremo Oriente e o Mediterrâneo. Organizou influente centro de negócios no Eufrates e na Sarracena, um pequeno reinado no Golfo Pérsico (ou Arábico, como querem os árabes).

Sob Adriano (117-138), Palmira foi submetida a um governador militar romano que lhe outorgou o título de "*cidade livre*" e, por conseguinte, devolveu à população a sua autonomia; o governo iniciou uma arrecadação de taxas em nome do Senado e do povo, e a cidade passou a ser chamada: "*Palmira Adriana*".

Depois, sob os Antoninos (96-193) e os Severos (193-217), quando o cristianismo ia se solidificando, Palmira tornou-se o trono de um arcebispado e uma estação de caravanas com produtos do leste e oeste (especiarias, pedras preciosas, joias, vidros, estatuárias, e ídolos confeccionados na Fenícia). A questão religiosa, como se verificará posteriormente, também causaria implicações importantes ao governo de Zenóbia. Antes disso, porém, os palmirenses já dirigiam seus próprios negócios e alguns deles, pelos seus conhecimentos, se tornaram armadores e capitães no Oceano Índico. A economia de Palmira chegou a uma considerável prosperidade durante o século II e na primeira metade do século III. Era a mais florescente cidade da região.

Nesta época, Roma era governada por Sétimio (ou Septimio) Severo (193-211), de origem síria. Seus filhos Geta e Caracalla tornar-se-iam augustos por hereditariedade, junto com o pai, entre 209 e 211; sendo eles aliados de Palmira, elevaram-na à categoria de colônia romana, isentando a população de taxas e conferindo-lhe o mesmo *status* de Roma. Em 217, Caracalla a tornou subordinada ao poder imperial romano, nas mesmas condições das demais cidades sírias.

Antes de prosseguir essa trajetória histórica de Palmira que irá culminar no reinado de Zenóbia, dediquemos um espaço à dinastia dos Severos a partir de *Septímio* Severo que, em 193 de nossa era, comandou os destinos do Império Romano por cerca de 40 anos e colocou Palmira sob sua proteção; assim, Palmira, centro caravaneiro, conheceu dias de esplendor durante a hegemonia desses governantes orientais e semiorientais. A magnanimidade dos soberanos em relação a Tadmor, o nome árabe de Palmira, lembramos novamente, no decorrer de quatro décadas é compreensível, uma vez que os destinos de Roma permaneceram nas mãos de mulheres sírias orgulhosas de suas origens; inteligentes e ambiciosas, educadas na tradição selêucida, todas elas aspiravam a um Império Romano cuja capital fosse instalada no Oriente, na expectativa de fazer ressurgir o Império de Alexandre, o Magno. A sobrevivência da dinastia dos Severos no trono de Roma deveu-se unicamente à força, astúcia e inteligência de mulheres orientais.

Septimio Severo, africano de Peltis Magna (Líbia), casou com uma princesa síria de Emese, Júlia Damnoa — filha do grande sacerdote de Baal daquela cidade — que trouxe consigo para a corte romana suas irmãs Júlia Soemia e Júlia Mammaea. Desta forma, estava unida a África de *Septimio* à Síria de Damna, dando início a uma profunda transformação em Roma com a penetração dos costumes orientais que iriam influenciar as bases primitivas do Império.

A dinastia de *Septimio* Severo foi o último estágio da evolução iniciada pelos Antoninos e o primeiro da nova evolução que, após as experiências desastradas da segunda metade do século III, reduziu o Império Romano ao modelo oriental.

Em 235 a família dos Severos foi aniquilada pelo mesmo exército que a glorificara e, a partir dessa catástrofe, Roma entra no período mais difícil de sua história, até então. Durante os seguintes trinta e três anos Roma enfrenta disputas entre legiões que pretendiam coroar o seu próprio imperador, provocando sucessivas guerras civis e o apagamento da era que ficou conhecida como Antiguidade. Tal como aconteceu com Severo, o mesmo exército que assegurava o trono a um imperador o destronava e o assassinava ante a menor divergência.

Os imperadores desse período não eram necessariamente homens nobres, mas soldados que se destacavam pela bravura, dedicando-se ao bem do Estado. Mas, por qualquer motivo, eram compelidos pelo exército a negligenciar a segurança e a integridade do reino para lutar contra aqueles que pretendiam tomar o trono.

Por isso, as fronteiras do grande império eram atacadas em todas as frentes por bárbaros e persas, gerando alianças de tribos germânicas decididas a se apoderarem das províncias romanas. Os saxônios saquearam a costa da Grã-Bretanha; os francos ameaçavam a Gália; os álamos atacavam o centro e o sul; os sármatas, procedentes da Rússia, avançavam em direção ao baixo Danúbio; havia também incursões por mar. Entre 224 e 652 (ou 651) imperou na Pérsia uma dinastia que passou para a História como Sassânida(s). Estes subiram ao trono persa constituindo uma séria ameaça à cambaleante Roma dos meados do século III de nossa era.

Em 228, os sassânidas tomaram a Pártia e fundaram a dinastia nacional. O novo Estado conquistou e ocupou a entrada pelo rio Tigre e pelo Eufrates, assim como o pequeno reino Sarraceno, impedindo os palmirenses de dar continuidade ao comércio com os países do Golfo Pérsico. Doravante, a pequena via *transdesértica* através de Palmira foi abandonada, tendo como opção a rota natural mais afastada ao norte, através de Nisibis e Urfa, na direção de Antioquia.

Os sassânidas foram alertados quanto à necessidade de estender seu império para, no momento oportuno, se rebelarem contra a cobiça dos romanos, a fim de controlar o Oriente e depois expulsá-los. Estes antecedentes talvez justifiquem os atos da ambiciosa rainha Zenóbia, que acompanhou de perto o governo de seu marido Odenato II.

A breve dinastia Odenato

Embora os responsáveis pela política de Palmira, ante os projetos expansionistas dos reis sassânidas, tenham colaborado com Roma, em meados do século III, o sistema já estava deteriorado e, para salvar as suas atividades comerciais, dedicaram-se a estratégias passíveis de garantir ao Estado a sua paulatina independência. Em 251, Hairan foi eleito "*râsh Tadmor*" (Príncipe de Palmira), e seu pai, Odenato I, tornou-se nobre por uma concessão de Septimio Severo. Nesta sucessão, o filho de Hairam, que também se chamava Odenato (futuro marido de Zenóbia), tornou-se desde 258 o governador da província *síria fenícia*, nomeado pelo Imperador Valeriano. Tem início, então, uma nova etapa da trajetória política da dinastia, agora com Odenato II.

Lembramos que P. Licínio Valeriano (253-260) foi proclamado imperador romano associando-se ao seu filho P. Licínio Inácio Galieno (253-268) na difícil tarefa de governar aquele império. A este foram designadas as províncias do ocidente, enquanto Valeriano se ocupava com as províncias do oriente. Esta quebra da unidade do Império Romano seria consolidada em 395 por Teodósio I.

Roma nesta época enfrentava vários impasses políticos, as invasões aumentavam e iam se consolidando; francos, alamanos, godos, boranos, contando com recursos do reino do Bósforo reuniam uma frota de navios gregos para cruzar o mar Negro até a costa do Cáucaso e da Tresbisonda, para ter acesso à rica província da Bitínia. Os persas, chefiados por Sapor (241-272), inviabilizavam o controle da situação no oriente por terem invadido a Síria (256) e sucessivamente Emese, Zeugma e Hierápolis; os berberes começaram a hostilizar os romanos. Pior ainda, Sapor, apoiado por seus exércitos, tendo invadido a Síria, estava decidido a unir-se aos godos que, por sua vez, já haviam chegado à Ásia Menor saqueando a região.

Antevendo as consequências de tal aliança, Valeriano decidiu agir. Avançou contra Sapor, conquistou a Antioquia e barrou o objetivo deste, quanto a se unir aos godos. Seus exércitos, apesar de atacados pela peste, conseguiram atingir a Mesopotâmia, mas, ao chegar a Edessa, Valeriano tornou-se prisioneiro dos persas (259-260) e foi reduzido a escravo. Entretanto, a Ásia Menor e a Síria foram salvas. Estes fatos alertaram as autoridades quanto à necessidade de defender suas possessões, mesmo que fosse com os próprios recursos. Na Gália, as tropas e a população conseguiram expulsar os germanos da província em 259. A fronteira do Eufrates foi defendida por Odenato II, Senhor de Palmira. Este, além de se declarar defensor de Galieno, o legítimo herdeiro de Valeriano, rechaçou alguns de seus mais ferozes rivais políticos. Por tal defesa e lealdade, a família de *Septimio* Odenato alcançou a almejada supremacia política em Palmira. Proclamou-se o *Rei dos Reis*, o título oriental de Sapor. Este título posteriormente foi conferido a Hedianos, que o secundou na sua vitória sobre os Persas.

Entre 260 e 267, enquanto Roma passava por uma rigorosa dificuldade devido a duas campanhas contra os sassânidas e perseguição a Sapor, seu rei, Odenato, o então soberano de Palmira, sitiou a capital da Pérsia, Ctésipton, Tak-i-Kirsa, com o propósito de salvar o imperador Valeriano, que caíra nas mãos deles. Para vingar a desdita de Valeriano, Odenato II passou a perseguir Sapor até a capital, Ctésipton, na região do Eufrates. Galieno reempossou Valeriano, nomeou Odenato duque romano, general em chefe das armas do Oriente, depois "*Corretor de todo Oriente*", finalmente Imperador. Logo depois, Valeriano foi novamente aprisionado e morreu em local tão ignorado quanto a causa de sua morte.

Em Emese (Homs), Odenato livra Galieno (218-268) das pretensões sucessórias de Ballista e Quiétus. Após outras campanhas contra Sapor, Odenato chega em 276/278 à Capadócia, enviado por Goths. Coloquemos, antes do desfecho desta aventura, um parêntesis para um breve relato sobre a trajetória política de Galieno e a opinião de autores eruditos sobre esse tema.

Os cronistas da atuação de Galieno como sucessor de seu pai Valeriano não são nada lisonjeiros. Durante os seus oito anos de reinado (260-269), Galieno foi omisso, fraco, indiferente e o acusam até de não haver se esforçado para salvar o pai do cativeiro. Despreocupado e entregue aos prazeres, aquela unidade do império teria se definhado se não fossem os esforços de Odenato, rei dos palmirenses. Odenato acabou conquistando o império de todo o Oriente, graças à inércia e aos vícios de Galieno.

Esta é uma face da história. Kátia Curtis contesta o testemunho dos historiadores latinos. A autora traça um panorama da real situação do Império Romano a partir do momento em que Galieno (260) herda o trono de Roma. Diz ela que "*a situação do Império Romano não poderia ser mais negra.*" Os exércitos de Valeriano estavam destroçados; Macriano e Balista encontrando condições propícias "*fundaram um Estado separatista do Oriente*" e os dois filhos de Macriano (Macriano Jovem e Quieto) foram proclamados imperadores. A Ásia Menor e o Egito passaram a fazer parte deste novo império, que englobava todo o oriente romano.

Do lado oposto, as condições eram promissoras. No ocidente, desde 258, Póstumo havia fundado o Império Galo-Romano abrangendo pouco depois a Bretanha, a Espanha e a Gália, invadida pelos alamanos que, a partir de 261, penetraram na península itálica. Na fronteira danubiana ocorreram duas usurpações, apesar de ser território sob Galieno. Uma guerra civil ameaçava a Sicília, enquanto a África estava sendo devastada pelos bávaros e pelos bandos de Faraxen; a Mauritânia ia sendo saqueada pelos francos. Diante de tal quadro, Kátia Curtis é condescendente com a dita inércia de Galieno, justificando que ele não contava com forças suficientes para defender o Oriente. Sob a ótica da autora, Galieno "*permanecia de mãos atadas no Ocidente*" e por tais circunstâncias é que ele recorre ao auxílio de um aliado no oriente, a fim de defender as fronteiras do Eufrates contra o assédio dos persas e também para garantir a unidade do Império Romano, tão enfraquecido como se encontrava então. Este aliado seria o já citado Odenato II, o marido da futura rainha de Palmira. É incontestável o fato de que Odenato II tenha sido um valoroso político, prestando inestimáveis serviços a Galieno e ao Império Romano.

Quem foi Odenato II?

Antes de nos ocuparmos da trajetória de Zenóbia, é preciso observar alguns dos grandes feitos de Odenato II de origem meio obscura, tendo em vista a falta de documentação ou de inscrições registrando o seu passado familiar. Porém, seus críticos conseguiram reunir alguns documentos, ou hipóteses, nas quais estamos nos baseando. Há inscrições constando nomes árabes como *Wahballat* e *Odeinato,* hipoteticamente da família de Odenato e, por isto, configurando sua origem beduína árabe, que havia emigrado para Palmira em meio às tradicionais populações aramaicas. Possivelmente, pertencia a uma família ilustre, pois consta que Odenato, o avô de Odenato II, marido de Zenóbia, era um senador que conquistara a já citada gentilícia *Septimius*, entre os anos 193-211, concedido por Septimio Severo.

Existem algumas outras discussões sobre a ascendência de Odenato, tentando comprovar sua origem ilustre, mas o assunto não está satisfatoriamente solucionado, e também este não é nosso foco.

O que não se põe em dúvida é o fato de Odenato II, homem inteligente, ter se tornado um homem ilustre, excelente estrategista político e grande militar. Soube controlar suas ambições em favor de suas prerrogativas políticas. O que leva a pressupor sua origem árabe (possivelmente beduína) é o fato de ele haver demonstrado gosto pela vida ativa, sabendo proteger suas caravanas contra as hostilidades das tribos do deserto. Foi consagrado numa inscrição como *Clarissimus Consulares* e como Senhor de Palmira, dentre outros que também foram mais tarde reclamados por seu filho e sucessor Wahballato, ou Vabalato, como se verificará em parágrafos mais adiante.

Assim, Odenato foi avançando História adentro. Tudo começou quando, em 260, Valeriano foi derrotado, e Odenato já desempenhava um importante papel em Palmira; foi se elevando sutilmente nas lides políticas e administrativas à margem das autoridades romanas na Síria.

É possível que Odenato tenha se insinuado como aliado de Sapor, o rei dos persas, mas foi rechaçado porque suas demonstrações de independência como Senhor de Palmira não agradavam ao rei persa; nem Odenato demonstrou disposição para submeter-se a Sapor. Maurice Sartre enfatiza que uma fonte tardia assinala que Odenato II ofereceu aliança a Sapor numa data desconhecida. Pode ter sido após uma das tomadas de Doura-Europos em 252 ou 256, indispensável entreposto do comércio palmirense; ou depois, durante a campanha de 260. Infere outras ocasiões e diz ainda que teria sido quando Odenato se tornara *Rei dos Reis*. Mal sucedido em seu desejo de aliança contra Roma, Odenato percorreu caminho inverso e se aliou a ela.

Existe também a hipótese de que isto tenha acontecido antes da queda de Valeriano, em razão da necessidade de normalizar a rota comercial do Golfo Pérsico, sendo naquelas circunstâncias impossível contar com o apoio do exército romano para retomar aquela região.

Odenato era persistente na construção de seu percurso histórico. Sempre atento aos acontecimentos ao seu redor, seguia de longe os avanços de Sapor. Este, vitorioso sobre Valeriano, invadiu a Síria, a Cicília, a Capadócia, devastou a Antioquia, outras cidades também, e retornou à Pérsia com um rico espólio. Chegara o momento propício para a desforra de Odenato. Entra em ação com o seu exército descansado sobre as tropas de Sapor, fisicamente enfraquecidas. Na verdade, um arriscado ardil, pois se fosse derrotado não poderia contar com o auxílio de Roma, às voltas com suas próprias mazelas. Caso contrário, seria reconhecido por haver prestado um inestimável serviço à mesma Roma debilitada pelo golpe de Edessa.

Mas a sorte o favoreceria. Derrotou Sapor quando suas

tropas tentavam atravessar o Eufrates perto de Samosata, apoderou-se dos saques e provocou a debandada do exército. Ao retornar a Palmira intitulou-se de *Rex Palmirorum*, incluindo Zenóbia e Herodes, seu filho mais velho, nesta nova dignidade.

E Zenóbia? Esta começa a surgir na História, ainda que muito sutilmente, enquanto seu marido é observado por Galieno como a força capaz de torná-lo vencedor sobre seus terríveis adversários. Arguto, Odenato mira em outra direção. Pretende dominar o oriente como agente de Galieno e mandatário do Império Romano contra os "usurpadores", sagrando-se depois como restaurador da unidade do Império, conforme infere Kátia Curtis, para quem Galieno "*era um objeto de sonhos*", um dependia do outro.

Galieno ignorou o título que Odenato atribuíra a si mesmo e, além disso, outorgou-lhe outro: conferiu-lhe a dignidade de *Dux Romanorum*, ou representante militar legal do Império Romano no Oriente. Odenato II era, então, o comandante das tropas romanas naquela região. Tornou-se também delegado de Galieno no Oriente, no setor civil. Orgulhoso e grato por tantas honrarias, Odenato II se comprometeu a defender Roma contra todos os inimigos. Era o ano de 261. Nesta época, os limites de atuação de Odenato II compreendiam a Cicília, a Síria, a Mesopotâmia, a Fenícia, a Palestina e a Arábia. Não atingia grande parte da Ásia Menor e do Egito. Em tal estrutura, Galieno era soberano nas questões militares, civis e monetárias.

Este acordo os favorecia, pois ambos haviam conseguido derrubar o Império de Macriano, e Odenato II se levantou contra Quieto e Balista mantidos na Síria, enquanto Macriano e seu primogênito avançavam pela Europa. Odenato II sai vitorioso, retoma a maioria das cidades sírias, ataca Emese, vence Balista, e Quieto é morto pela população da cidade. Com esta vitória, Odenato II reconstitui a unidade do Império Romano e Galieno recupera sua autoridade sobre a Ásia Menor e o Egito. Odenato II permanece no comando das outras províncias e as moedas voltam a ser cunhadas com o nome do soberano do Império. Apesar disso, por sua vitória sobre Quieto e Balista, Odenato II, ao lado de sua mulher Zenóbia, se torna o mais poderoso homem político e militar de todo o oriente. Estes fatos comprovam as hipóteses de Kátia Curtis quando contesta as acusações dos historiadores quanto à incompetência e inércia de Galieno.

Retornemos, então, aos fatos que acabaram dando a Zenóbia o trono de Palmira. Odenato II, ao contrário do que esta faria poucos anos depois, apesar de tantas vitórias e reconhecimentos, reprimiu a vaidade e a ânsia de poder e continuou subordinado a Galieno. Manteve o comando dos funcionários romanos na Síria, para alimentar o projeto de organizar uma grande tropa a fim de investir contra os persas. A Síria setentrional vinha sendo explorada economicamente pelos persas e, para conquistar seu reino caravaneiro, era preciso retomar Characena, em poder dos sassânidas, único meio para controlar a rota do Golfo Pérsico.

Estando devidamente preparado, esse grande estrategista político e administrativo pôs-se em marcha contra os persas sassânidas. Era o ano de 262 e Odenato II estava devidamente preparado para isto. Inicialmente, conquista a Mesopotâmia e vai seguindo vitorioso para a tomada de Nibissis; segue para Ctésipton, sem grandes impasses. Vai sendo aclamado pela população que o encoraja a ir avante. Mas em Ctésipton Odenato II encontra as primeiras dificuldades nesta campanha.

O exército persa reage e a luta, longa e sofrida, nega-lhe a vitória. Contudo, ambos, ele e Galieno, podiam se regozijar pela tomada da Mesopotâmia. Odenato II não atacou Characena pela distância e a dificuldade de aceso, mas pelas vitórias conquistadas foi-lhe concedido por Galieno o título de *Imperator.* Um título apenas, pois sua extensão de poder ficava limitada ao que já havia conquistado; em compensação, este título vitalício, partilhado por Herodes, seu herdeiro natural, aumentava seu crescente prestígio em todo o oriente e certamente ia aguçando o potencial de ambição e vaidade latente em Zenóbia. Ela e Herodes tomam parte dos títulos conquistados por Odenato: a partir de 264, este era o *Clarissimus Consularis, Rex,* partilhados com Zenóbia; *Dux Romanorum, Corrector Totis Orientis* e *Imperator*, partilhado com o herdeiro da dinastia, seu filho Herodes.

Zenóbia estaria satisfeita por compartir estas honrarias com o filho de seu marido? Aguardemos os fatos.

Galieno teria concedido a Odenato o título de *Augusto*, o mais elevado, passando a ter as mesmas prerrogativas de seu benfeitor. Contudo, o título máximo ostentado por Odenato II foi o de *Imperador.*

Apesar do reconhecimento de Galieno pela lealdade e importância de Odenato, havia ambiguidades entre ambos, cujos detalhes estamos omitindo, para não nos distanciarmos muito de nosso foco principal: Zenóbia, que até aqui continua vivendo na mais profunda obscuridade, acompanhando o seu marido empreendedor em suas batalhas e conquistas.

Voltando às afirmações de Maurice Sartre, Galieno, apesar de respeitar e admitir a indispensável colaboração de Odenato, não lhe concedeu a melhor parcela de seu poder, estando seguro de que este não dotou seu companheiro com o título de *Augusto.* Diz que o título máximo de Odenato foi o de *dux Romanorum* declarado por Wahballato. Segundo esse autor, a afirmação de que Odenato tenha conquistado o título máximo não tem fundamento documental. Apesar disso, na verdade, Odenato alcançou alguns degraus da dinastia autônoma, como sujeito do império. Adotou o *gentilício Septimo* e criou a verdadeira corte de que pouco tempo depois Zenóbia desfrutaria soberanamente.

O certo é que a trajetória política e militar de Odenato deveria estar contrariando os interesses de seus parceiros. Em 266, Galieno ordenou-lhe o cumprimento de uma das cláusulas do acordo firmado entre ambos em 261, que consistia na luta contra os bárbaros do norte, os godos, espalhados pela Ásia Menor. Era o fim de nosso herói.

Pouco tempo depois, ao atravessar a Capadócia, em cumprimento ao dever de fazer, Odenato II foi assassinado juntamente com seu filho Herodes (que Maurice Sartre nomeia como Hairan). Isto ocorreu nas imediações de Emese entre 30 de agosto de 267 e 29 de agosto de 268. Há autores que oscilam estas datas entre 29 de agosto de 266 e 28 de agosto de 267. Mas isto não é relevante, uma vez que todos dão como diferença o espaço de um ano para tão significativa ocorrência.

A distância dos fatos históricos gera imprecisões e alguns equívocos involuntários, pois sabemos que a queda de um poder provoca destruições, e prova que o vencedor, ao destronar o inimigo, tenta apagar a sua memória, arruinando monumentos e fontes documentais, talvez o patrimônio maior de um povo. Além disso, em se tratando da região objeto deste estudo, os equívocos podem ser também provocados pela grafia parecida ou aproximada dos nomes. Por outro lado, as constantes invasões e suas causas confundem datas e nomes de personagens homônimas, ou com relações de parentesco.

Retornemos, então, ao local da morte de Odenato e suas consequências. Esse acontecimento causa a retomada de uma importante zona fronteiriça, pela ausência de seu defensor, uma vez que a morte concomitante de seu herdeiro natural coloca no trono uma criança que não tem mais do que dez anos de idade, devendo ser representada pela enérgica e presumidamente bem preparada viúva Zenóbia.

Na opinião de Zósimo, Odenato II e seu herdeiro teriam sido vitimados por um *complot* em Emese e pelas mãos de outro Odenato, talvez parente das vítimas, e tudo leva a crer que haveria um interesse dinástico no duplo assassinato. Estaria Galieno preocupado com a projeção de Odenato II no campo político? Roma estaria tentando barrar a gloriosa ascensão de Palmira? Ctésiphona Zenóbia não ficou livre das suspeitas de envolvimento neste caso, considerando a sua intolerância em relação a Herodes, o legítimo herdeiro do trono, filho da primeira esposa de Odenato. Porém, nada ficou esclarecido e neste caso também tudo são hipóteses. Contudo, lembramos que, tal como Cleópatra, Zenóbia era uma obstinada defensora de seu herdeiro.

Na verdade, a partir deste fato, Galieno enfrentaria uma adversária com qualidades que ele desconhecera em Odenato. Agora o Império Romano iria se deparar com uma mulher audaz, muito mais orgulhosa e ambiciosa do que Odenato II, que a beneficiou com a sua morte. Foi proclamada rainha e tutora dos dois filhos que tivera com o falecido. Entremos, então, na brevíssima e tumultuada história da *Septimia* Zenóbia*, a rainha do deserto.*

Zenóbia num universo de diversidades culturais

Os estudiosos desta parte da história do mundo árabe não negam a importância do papel desempenhado por Zenóbia na vida de seu marido Odenato. A sucessão de acontecimentos revelaria a forte personalidade desta mulher; os fatos demonstram que era ambiciosa e destemida, tendo exercido grande influência no curso da situação política em Roma e no oriente. Seus conhecimentos eram consideráveis: tanto dominava o aramaico falado em Palmira, como as línguas faladas na Grécia e no Egito e se proclamava descendente da rainha Cleópatra. Apreciava os estudos históricos, tendo uma forte ligação de amizade com o bispo da Antioquia, Paulo de Samosata, ao qual nos referiremos posteriormente, e o filósofo grego Longino, que se tornou seu conselheiro, causa de sua desgraça, como se também verificará em parágrafos mais adiante.

Ao dirigir o olhar para outro ângulo desta história, nota-se que Zenóbia viveu num momento de grandes transformações culturais, quando o cristianismo já se propagava em bases sólidas, apesar do surgimento de credos que foram sendo duramente combatidos pelos defensores do cristianismo primitivo. Os monofisistas e os maniqueístas, por exemplo, contrariavam questões dogmáticas adotadas pelas autoridades eclesiásticas tornando-se vítimas de cruentas perseguições religiosas.[46]

Havia um tal Callinicos de Petra, outro espírito brilhante da época, que, segundo dizem, dedicou a Zenóbia, sob o nome de Cleópatra, a sua história da Alexandria. Isto porque, após a tomada do Egito, a rainha de Palmira acolheu os missionários maniqueístas e, talvez, os tenha ajudado na sua fuga do Egito.

No século III, tratava-se de uma doutrina do persa Mani ou Manes, sobre a qual se criou uma seita religiosa que teve adeptos na Índia, China, África, Itália e Sul da Espanha, segundo a qual o Universo foi criado, sendo dominado por dois princípios antagônicos e irredutíveis: Deus, ou o bem absolu-

---

[46] Ver: FERNANDES, Dirce Lorimier. *Rainhas: entre a realidade e a imagem do poder*, São Paulo: Clube de Autores, 2012. — 1° cap. Teodora, a imperatriz de Constantinopla.

to, e o mal absoluto, ou seja, o Diabo. Doutrina que se funda em princípios opostos, bem e mal. Como se percebe, Zenóbia vivia cercada pelos mais variados credos vigentes, sem restrições, se considerarmos o judaísmo, e os vários segmentos que chegaram até nós como seitas consideradas idólatras, a cujos deuses Zenóbia se curvava também.

Enquanto isto, a resistência e a luta dos cristãos contra as perseguições do Estado Romano fortaleciam e propagavam o pensamento cristão, ao qual, num contínuo, iam se agregando novos adeptos, sobretudo entre a camada oprimida da sociedade, atraída pela resignação dos *fiéis*.

Durante o governo de Zenóbia, o cristianismo ainda não havia sido difundido na Europa Romana, onde se cultuavam os deuses importados da Grécia e com novas denominações. Porém, dentro dos contornos do final da antiguidade e os primeiros séculos da era moderna, no atual Oriente Médio, o cristianismo e o judaísmo disputavam o mesmo espaço, ao lado de outras crenças. Por isso, Zenóbia, excelente estrategista política, transitava pacificamente em meio às influentes pessoas defensoras desses credos.

Dentre as diversas tradições, Maurice Sartre afirma que ninguém testemunha as ligações particulares entre Zenóbia e o religioso cristão Paulo de Samosate, ou Samosata, anteriormente citado. A autora Kátia Curtis, ao contrário, concorda com os demais historiadores, afirmando que esse personagem ocupou lugar de destaque entre aqueles que rodeavam Zenóbia. Por ocasião da já citada invasão de Sapor, em 260, Demetriano, bispo de Antioquia, morreu em cativeiro persa.

Nesta oportunidade, Paulo de Samosata passou a ocupar aquele cargo, tendo sido apoiado, desde o início, pela dinastia palmirense que conseguiu nomeá-lo recebedor das finanças (Procurador Ducenarius), com um salário de 200.000 sestércios. Homem de origem humilde, Paulo conseguiu, neste cargo, acumular uma imensa fortuna, passando, então, a ostentar em sua cidade um fausto contrário aos preceitos da fé que deveria defender. Pelas descrições de seu comportamento, seus costumes libertinos, Paulo levava a Igreja ao descrédito.

Paulo de Samosata, como bispo da Antioquia, a partir de 260, imprimiu à sua trajetória o estigma de um herege, de um homem mais preso aos bens da terra do que às preocupações espirituais e intelectuais. Pelo menos é o que registra a carta do sinodal conservada por Eusébio.[47] Se o primeiro sínodo dos bispos em 264 não acusa o caráter herético de seu ensinamento, um segundo processo, em 268, leva à sua deposição. Porém, suas ligações com as pessoas do lugar permitiram-lhe manter-se até o ano de 272, quando Aureliano designou Damanos (Domnos), seu sucessor.

Paulo de Samosata não foi acusado por acumular as funções de bispo e de procurador "ducénaire", mas por se comportar como um "ducénaire" e por suas ligações com Zenóbia, das quais, conforme alguns cronistas, resultaram tendências judaizantes.

Em 268, Paulo de Samosata foi acusado de rejeitar a divindade de Cristo, desculpando-se posteriormente e afirmando que Jesus era o Verbo consubstanciado do Pai. Contudo, o Concílio de Antioquia, composto por sessenta e cinco bispos orientais, condenou a noção de consubstancial proclamada por Paulo de Samosata.

Este fato foi relatado por Santo Hilário (*de synodis*, 81 *et* 86) e por São Basílio na Carta 52/1. Os teólogos dão a esta corrente o nome de *monarquianismo dinamista,* segundo a qual Jesus era um mero homem que, no momento do Batismo,

---

[47] Eusébio, História Eclesiástica (HE), VII, 30, 18-19, conf. SARTE, Maurice. D'Alexander à Zénobie – Histoire Du Levant Antique IV siécle av. J.c.— III^{a} siécle AP. J.C.Paris: Fayart, 2001.

teria sido revestido de poder *(dynamis)* divino; foi, portanto, um homem adotado por Deus como Filho, com intensidade especial. O fundador dessa corrente foi Teódoto de Bizâncio, cristão de notável cultura grega, que o Papa São Vítor (189 e 199) excomungou (190).

Essa corrente teve novo representante na pessoa de Paulo de Samosata, homem ambicioso. Este via em Jesus um mero homem no qual terá habitado "*como num templo*" o Logos ou a Sabedoria de Deus, que em escala menor habitava em Moisés e nos profetas. Um concílio regional reunido em Antioquia excomungou Paulo (268); mas os numerosos adeptos de Paulo continuaram a professar a sua doutrina, de modo que o Concílio Ecumênico de Nicéia teve que se ocupar com a escola dos paulanos (325).

É de notar que o mencionado Concílio de Antioquia em 268 rejeitou a afirmação de que o Filho ou Logos é da mesma substância ou natureza (*homoousios*) que o Pai. Ora, esta expressão foi precisamente consagrada mais tarde pelo Concílio de Nicéia I (325) como fórmula de fé. Para entender os fatos, devemos observar que Paulo de Samosata usava a palavra *homousios* para significar que o Logos ou o Filho era uma só pessoa com o Pai.

O outro amigo de Zenóbia, Longino ou Cássio Longino, ou Dionísio Longino, ou Dionísio de Alicarnasso, é tido por alguns autores como sírio e por outros como ateniense; seu nascimento está situado entre 210 e 213-273. Dominando uma vasta cultura, Longino foi considerado uma "*biblioteca viva*", "*musa ambulante*"; era filósofo, filólogo, representante de um ideal helênico, cujos interesses culturais abarcaram todos os campos literários com suas técnicas, inclusive a métrica e a retórica. Entretanto, sua obra filosófica não alcançou aprovação integral de seus críticos. Longino era seguidor de Platão (428-7/348-7), embora independente, ao contrário dos demais filósofos que seguiram esta linha naquela época do Platonismo Médio, que votava a Platão uma reverência nos limites da religiosidade.

Foi justamente a forma de seguir o platonismo que encaminhou Longino pelas veredas da política e, consequentemente, para a sua derrota. Fundou uma escola em Atenas em 237, ano da invasão de Atenas pelos godos e, por ocasião do assassinato de Odenato II (266/267), quando se preparava para atacar estes invasores, Longino se aproximou de Zenóbia, a viúva, e compôs o panegírico ao falecido.

Zenóbia, agora rainha de Palmira, o convidou para ser mestre de seus filhos; Longino deixou Atenas e se instalou no reino dela. Lá, além de pedagogo, tornou-se conselheiro de Zenóbia. Familiarizado com a literatura hebraica, teria induzido Zenóbia a apreciá-la também.

Quando ainda se encontrava em Alexandria, juntamente com Plotino e Orígenes, recebeu os ensinamentos de Amônio Sacas que, como outros platônicos contemporâneos, aliava às doutrinas da escola as reminiscências do Livro Sagrado. Dizem os historiadores que havia muitos judeus vivendo em Palmira. Este fato, associado às influências de Longino sobre Zenóbia, teria fornecido os argumentos necessários para que Santo Atanásio acreditasse que Zenóbia teria se convertido ao judaísmo. Este religioso não deixava de ter suas razões, uma vez que, para concretizar as hipóteses, Zenóbia mandou restaurar uma sinagoga em Alexandria com seus próprios recursos. Por isto é que Paulo de Samosata foi acusado de receber influências judaizantes de Zenóbia. Esta questão não fica bem esclarecida, pois Maurice Sartre, baseado na obra de F. Millar,[48] nega esta ligação, considerando que Santo Atanásio

[48] *Paul of Samosata, Zenobia and Aurelian: the Church, Local Culture and Political Allegiance in Third-Century Syria,* JRS. 61, 1971, p. 1-17.

viveu mais de um século após o governo de Zenóbia. Contudo, seria necessário investigar mais profundamente sobre a época em que este religioso emitiu a sua opinião. Teria sido um estudo retrospectivo, um olhar para o passado, no tempo de Paulo de Samosata, Zenóbia e Aureliano?

O desempenho político da rainha Zenóbia

Deixemos a vida privada de Zenóbia para observar o percurso que a levou à ruína política. A trajetória de Zenóbia neste campo é fascinante, como sói acontecer nas histórias de rainhas, tentando compatibilizar-se com o universo masculino. Instalando-se no poder, Zenóbia tomou nova posição e saiu a discursar para a multidão à moda dos Imperadores: capacete na cabeça, envolvida numa capa de púrpura.

Qual era a sua aparência física? Na descrição do historiador Bounni Al Assad, sua tez era opaca, os olhos negros, de uma inacreditável beleza, os dentes brancos como pérolas, ela era a mais nobre e a mais bela mulher de todo o oriente. Por sua força e coragem os críticos podem estar exagerando na descrição de sua aparência, se considerarmos que um conjunto de fatores podem construir beleza aos olhos dos observadores, como vimos nas descrições a respeito da hipotética beleza de Cleópatra.

Estas qualidades e o papel que Zenóbia vai assumir no Império a torna uma das grandes mulheres da História, sendo objeto de muitos estudos e curiosidades, inclusive personagem de ficção. Conforme escreve Maurice Sartre, a trajetória de Zenóbia e de seu filho Wahballato não determina mudanças sensíveis na política de Palmira, mas sim uma nova degradação nas relações romano-palmirense, transcorrido algum tempo entre a morte de Odenato II e a proclamação de Wahballato como imperador, representado por sua mãe Zenóbia.

Mesmo após esta proclamação, a ambiguidade subsiste por algum tempo. Zenóbia, em nome de Wahballato, se satisfaz com os títulos herdados de Odenato II: *"Illustrisimus rex regum épanorthotes"*. Cunha moedas em seu nome, mas sem empregar o título imperial. Entretanto, com a morte de Cláudio II na primavera de 270, Wahballato se recusa a reconhecer Quintilius e assume o título de Cônsul: *dux Romanorum et imperator,* com aprovação dos militares sem, contudo, se declarar *Augusto.* A cunhagem de moeda alexandrina leva o nome de Wahballato, mas a efígie continua sendo a de Aureliano.

Galieno negava-se a reconhecer os títulos de Wahballato, que haviam pertencido a Odenato II, outorgados por sua ambiciosa mãe. Esta história sofreria interrupção para seguir outra rota. Em 268 Galieno foi assassinado por seus próprios soldados durante o cerco de Milão. O responsável pelo feito era Aurélio Cláudio (Cláudio, o Gótico), ilírio de nascimento e oficial do exército danubiano, que se tornara sucessor de Galieno.

A história de assassinato de governantes romanos pelos chefes de seus exércitos era fato corriqueiro. Aurélio Cláudio também se negou a reconhecer os títulos do filho de Zenóbia, mas, como os bárbaros avançavam pelo Ocidente, ele não se dedicou a uma campanha para deter a vaidade dos soberanos de Palmira, apesar de suas contínuas conquistas. Há notícias nebulosas quanto a uma nova aliança entre Zenóbia e os persas.

Zenóbia dominava grande parte da Mesopotâmia e as demais regiões conquistadas por Odenato, e isto, conforme inferem seus críticos, poderia ser um empecilho para tal aliança. Contudo, nas derradeiras tentativas de vencer Aureliano, os persas enviaram os socorros que a rainha não conseguiu alcançar. É possível que Zenóbia tenha devolvido à Pérsia as conquistas de Odenato II, a fim de conseguir o apoio necessário para vencer seu adversário romano. Mas nada disso está suficientemente comprovado, a não ser o fato de Palmira haver adotado costumes persas e por isto os cronistas inferem sobre uma provável aliança política entre os dois reinos.

O breve reinado de Zenóbia

A bravura que caracterizou as ações políticas de Zenóbia seria também a causa de sua desonra. A origem de seu apogeu, que culminaria em uma espécie de queda livre política, tem início com a morte de Cláudio II, oportunidade em que o futuro imperador romano, Lúcio Domício Aureliano (270-275), é eleito comandante pelo exército que se tornaria o cada vez mais poderoso corpo de cavalaria autônomo, instituído por Galieno. Homem de *"origem humilde, nascido em 214 na Dácia, de Sirmium (atual Sremska Mitrovica, na província sérvia da Voivodina)"*. Foi um dos "imperadores soldados" responsáveis pela estrutura da restauração do império no final do século III. Por sua bravura, Aureliano marcou seu desempenho como "manum ad ferrum" (mão na espada). Esta mão embargou a cobiça territorial da rainha do deserto. Aureliano era casado com a imperatriz Úlpia Severina, uma personalidade quase desconhecida, tendo sido o primeiro imperador a se fazer divinizar em vida, quando adotou o título de Augusto, um supremo deus terrestre.

O início do comando desse bravo militar, cujas primeiras ações buscaram reforçar posição nos territórios em que sua autoridade já era reconhecida, foi propício aos objetivos políticos de Zenóbia; o comandante romano encontrava sérios problemas a serem resolvidos, como a defesa do Danúbio e, além disso, era necessário consolidar o poder; por esta razão, entra em acordo com os palmirenses, uma estratégia para ganhar tempo.

Enquanto isso, o menino Wahballato mantinha as honrarias anteriormente conquistadas e começava a obter novos títulos. Wahballato não foi, porém, o primeiro árabe a vestir a púrpura. Excluindo Philipe, o Árabe, originário de Shahbã, em Hoourãn, a História registra a aventura de Uranius Antoninos uns quinze anos antes, embora com menos amplitude que esta dos soberanos de Palmira. Questiona-se sobre a possibilidade de Wahballato, representado por Zenóbia, haver percorrido o mesmo processo desse personagem; à frente do comando das tropas imperiais, Wahballato usurpa o título nobre de Quintilius e se faz admitir como associado por Aureliano. Conforme as conclusões de Maurice Sartre, existem documentos egípcios datados do reino conjunto de Wahballato e Aureliano. Sem negligenciar a ambição pessoal, é preciso admitir que Wahballato fosse motivado por fatores políticos e estratégicos.

O Egito continuava sob Palmira. Kátia Curtis reitera este fato afirmando que, ao ocorrer a ruptura entre Roma e Palmira, as moedas encontradas ostentam a efígie de Wahballato. À sombra de sua mãe, este já havia conquistado os títulos que outorgavam a ela o comando das tropas do oriente, onde detinha as funções financeiras e administrativas sob a aparente complacência de Aureliano.

O acordo entre Palmira e Aureliano durou cerca de um ano, durante o qual, Zenóbia, como vimos, ostentava poderes numa demonstração de independência de Palmira; ambos, mãe e filho, proclamaram-se *Augustus*. Em Alexandria, a rainha aparece numa moeda com a legenda grega *Septin* (*ia*) Zenóbia *Seb* (*astê*), ou seja, *Augusta*, conforme afirma Kátia Curtis. O mesmo ocorria em Antioquia, com relação a Wahballato. Enfim, há provas de que ambos, mãe e filho, iam delimitando o espaço em que eram absolutos no poder. Tanta demonstração de independência política só poderia pôr em alerta o Império Romano. Dizem os cronistas desta epopeia singular que Zenóbia mandou construir um carro no qual pretendia entrar triunfalmente em Roma quando conseguisse concretizar o sonho de superar as forças romanas, sem considerar o reduzido contingente bélico de que dispunha em relação às forças romanas. Comparada com a ambição de Cleópatra, a presunção de Zenóbia é ilimitada.

Durante os dois anos seguintes, Zenóbia e Wahballato se comportaram como imperadores romanos. O empreendimento foi muito breve porque seus ousados objetivos políticos sofreram um duro golpe. Não havia autorização para uma sucessão de caráter étnico ou a prefiguração de qualquer império romano para Wahballato, representado por Zenóbia. A preocupação de Wahballato quanto a helenizar seu nome em Athénodóros contradiz toda reivindicação étnica. Do mesmo modo, a conquista do Egito e de uma parte da Ásia Menor demonstra que não se pretendia criar um império sírio ou até mesmo árabe, mas sim tomar o controle de todo o império, ou, pelo menos, deter uma grande parte dele para que Aureliano fosse forçado a reconhecer Wahballato como parceiro. Na opinião de Maurice Sartre, apesar dos tratados originais, notadamente na adoção de alguns títulos, o assenhoreamento de Wahballato e de Zenóbia nada mais era do que usurpação dos interesses do Império por pessoas audaciosas, e não uma tentativa de criar um novo Estado independente no Oriente Próximo. Os novos *Augustos* procuravam cercar-se de uma corte protetora e destemida, a fim de ampliar seus domínios testemunhando, pela segunda vez, seu caráter não autóctone.

Esta excessiva confiança decorria do fato de Aureliano ainda não haver solucionado os impasses no Danúbio; é de supor que a aparente ausência do imperador romano tenha suscitado na rainha de Palmira o poder de dar asas à imaginação dirigida ao império que ela pretendia dominar. Para atiçar ainda mais este delírio, chegou até ela a notícia da derrota de Aureliano pelos alamanos em Plasência. Completamente cega ante a realidade, ignorou a perspicácia do estrategista Aureliano que, em pouco tempo, dominou aqueles inimigos e pôs fim à guerra gótica. Agora o poderoso militar exibia os títulos de *Germanicus Maximus* e *Gothicus Maximus*. Estando assim fortalecido, é possível que tenha sido ele a tomar a iniciativa de combater Zenóbia, apesar de haver cronistas que supõem o contrário. Sapor, em idade avançada, vinha sendo a causa de intrigas entre seus sucessores; portanto, Zenóbia não poderia contar com a ajuda da Pérsia, estando desguarnecida numa possível reação de Roma contra o poder de Palmira.

Figura 1: Mapa da região da Síria.
Fonte: http//www.vatican.va/news_services/press/img/ viaggi/ 009sapo/0093sapo_siria_itinerario.gif. (Acesso em 15.08.2005).

Mesmo assim, em setembro de 270, as tropas de Zenóbia tomavam o Egito, com um exército formado por 70.000 homens entre palmirenses e bárbaros provavelmente da Ásia Menor ou da Armênia, comandados por um militar chamado Zabdas. Na mesma época, Roma enviava ao Egito uma frota comandada por um certo Probo, incumbido de combater os piratas infiltrados no Mediterrâneo. Aureliano pretendia reconquistar o Egito a fim de evitar a iminente crise de fome com a qual a rainha do deserto o ameaçava. E conseguiu, temporariamente, graças à perspicácia de Probo, então, o melhor general de Aureliano, o futuro imperador de Roma. Ao ancorar no Egito, encontrou o país dominado pelos palmirenses. Sem perda de tempo, juntou uma tropa fiel a Roma, atraiu mercenários e pôs em fuga os guerreiros deixados por Zabdas. Porém, a estratégia de Probo para barrar a passagem do exército palmirense malogrou ante a perspicácia de Aurélius Timageno, um aliado de Zenóbia que Zósimo apresentou como "*grande sacerdote vitalício da Alexandria e de todo o Egito*". Tratava-se de um traidor selêucida que passou para o lado de Zenóbia, inferindo tratar-se de uma presa fácil para subjugar futuramente. Tornado prisioneiro, Probo viu o Egito sob o poder de Zenóbia pela segunda vez. Suicidou-se em desespero, esse defensor de Roma.

Em tal circunstância, os palmirenses apoiavam-se num exército potente, graças à cumplicidade do forte partido pró-Palmira, dirigido por esse Aurélius Timageno. Apesar do apoio recebido, Zenóbia encontrou muita resistência por parte dos egípcios maciçamente reforçados pelo exército romano, baseado na região. Apesar disso, saiu vitoriosa e retornou à Síria, deixando uma guarnição composta por cerca de 5.000 mil homens, conforme as pesquisas de Kátia Curtis.

Zenóbia, estimulada por tanto sucesso, lançou mão do exército que desonrara Probo e se dedicou à aventura de dominar a Ásia Menor. As tropas da rainha foram penetrando sem dificuldades a Calcedônia que comandava o Bósforo, mas tudo indica que na Ásia Menor as conquistas não eram definitivas, por não terem conseguido organizar com precisão os núcleos conquistados. Não há registro arqueológico sobre um possível avanço dos palmirenses a noroeste da região, mas Zósimo afirma que eles o fizeram, alcançando Ancara — ou Acera — e que somente a chegada de Aureliano ao poder põe termo à ambição de tomar toda a região.[49] Diz Kátia Curtis que a rota comercial do Bósforo da Trácia era alvo da cobiça palmirense, porque do Bósforo Cimeriano, do Quersone-

[49] Zósimo, I, 50,1, Apud CURTIS, Kátia, p. 136-155.

so Táurico, do Cáucaso, dentre outros, transportavam trigo, peixes salgados, escravos, dentre outros produtos. Apesar de a invasão dos godos ter paralisado de certa forma esse comércio, Zenóbia inferia que isto era provisório, pois, tendo conquistado o Egito, a Síria e o Bósforo, ela tornaria Palmira, a "*cidade caravaneira*", o reino a dominar todas as vias de comunicação com o Extremo Oriente e as principais fontes de abastecimento de Roma.

Contudo, Zenóbia não se encontrava tão fortalecida como supunha. Havia obstáculos que ela vinha ignorando como a resistência aos palmirenses esboçada pela Calcedônia, a cidade do Bósforo; seu exército não fora recebido amistosamente em nenhuma parte, e em Roma vinha se fortalecendo o então general Aureliano que, por sua vez, incitava os calcedônios a rechaçar os palmirenses. Os cronistas deste momento histórico, baseados em Zósimo, dizem que os habitantes da Calcedônia só repeliram os palmirenses quando Aureliano subiu ao poder com a morte de Cláudio II, o Gótico, em 270. Naquela época, o império de Palmira dominava toda a Síria, o Egito, a Arábia, a Ásia Menor até Ancara e, possivelmente, a Mesopotâmia.

Assim, Zenóbia tomava o controle efetivo do Império, dando a entender que nenhuma força conseguiria limitar a extensão de suas ambições e realizações efetivas, embora as duas províncias da Cele-Síria (Coele-Síria, ou Celesíria) e Síria-Fenícia tivessem escapado de suas mãos, pois na Arábia os exércitos palmirenses encontraram resistência, especialmente na região de Bosra: este fato encontra-se registrado numa inscrição que também relata a destruição do deus supremo da região, Júpiter Hammon. Logo em seguida, porém, Zenóbia invadia a Síria-Palestina.

Figura 2: Foto do Templo de Palmira
Fonte: http//www.hat.net/álbum/middl_east/002_syria/day_ 24palmira/detail059.htm – (Acesso em 15.08.2005).

Figura 3: No Templo, detalhe esculpido em pedra.
Fonte: http:www.hat.net/album/middle_east/002_syria/day_24_ palmira/detail059.htm (Acesso em 15.08.2005).

A causa da disputa entre Zenóbia e Aureliano

A imprecisão sobre quem tenha iniciado o movimento bélico talvez seja devido à época em que se formavam os comboios carregando suprimentos alimentícios do Egito para a península itálica. A colheita ocorria em abril e Zenóbia havia declarado a independência de seu império entre fevereiro de agosto, coincidindo com a época em que os produtos seriam transportados. Os cronistas podem estar supondo que Zenóbia tenha se aproveitado deste fato, embargando o transporte dos suprimentos egípcios para Roma. Deduzem que, faminta, a população se posicionaria em favor da rainha. Este ponto de vista está também fortalecido pelos antecedentes e pelas demonstrações da já referida ilimitada e inconsequente ambição de Zenóbia.

Porém, ao chegar ao poder durante a primavera de 270, Aureliano tem, durante o biênio seguinte, o tempo suficiente para fazer malograr os sonhos da rainha de Palmira. Assim, as tropas palmirenses só seriam detidas em maio-junho de 272. Vejamos a sequência dos fatos.

Prevendo que a reconquista do Egito era apenas o início de outras batalhas por parte de Aureliano contra o governo palmirense, em agosto de 271 Palmira reuniu um conselho de guerra tendo à frente o já citado general em chefe Zabdas e um tal Zabbay, comandante da praça de Tadmor. Estes juraram solenemente fidelidade a Zenóbia e à família de Odenato na defesa do Império de Palmira. Mesmo "*assim, Zenóbia procurou dois oráculos famosos no Oriente daquele tempo, o de Apollon e Sarpédon*", em Selêucia, na Cicília, e o de "*Venus de Alphaca*", na Síria: ambos a desaconselharam a lutar contra Roma. O ano de 271 chegava ao fim e Zenóbia não podia mais recuar, uma vez que as tropas de Aureliano já haviam se deslocado em direção ao reduto dela. Durante o trajeto, as tropas romanas foram sendo bem acolhidas pela população de locais dominados por Zenóbia, demonstrando descontentamento com seu sistema de governo. O percurso ocorreu sem grandes dificuldades. A maior resistência de Palmira estava concentrada em Tiana, embargando a passagem. Ao criar esta barreira contra o exército de Aureliano, a rainha calculara que com isto ganharia tempo para fortalecer o seu próprio exército.

Aureliano não podia perder tempo, por estar prevendo uma nova invasão dos bárbaros; se tal ocorresse, a segurança de seu império na fronteira do Danúbio estaria ameaçada, forçando-o a desistir do Império de Palmira, estando já tão próximo da vitória final. Sabendo que o exército estava exausto depois de tão longo percurso, Aureliano ofereceu aos soldados a posse dos saques das cidades dominadas. Além desta estratégia, contou com o auxílio do incauto Heraclamon, um notável de Tiana, que lhe indicou a forma de se aproximar das muralhas sem chamar a atenção dos seus defensores. A cidade foi tomada de forma surpreendente: com efeito, chegando a um local elevado, uma espécie de monte natural, Aureliano, trajando sua capa de púrpura e com seu aparato imperial, o escalou e se apresentou aos habitantes da cidade. Desta forma, pensando que todo o exército de Aureliano estivesse dentro da muralha, não houve reação por parte dos soldados, e a cidade foi capturada.

Aureliano desejava esmagar a cidade, mas Apolônio de Tiana, um venerável e reconhecido sábio, amigo dos deuses, dirigiu-se em Latim ao poderoso vencedor e o convenceu a poupar a cidade já sob o seu domínio. O imperador romano entregou à fúria dos soldados o traidor que o havia ajudado, mas impediu o saque da cidade, prometendo consentir a pilhagem de Palmira, em breve, pois deveria ainda dedicar-se a dois combates decisivos contra Zenóbia: em Antioquia e em Emese.

Sobre a decisão de abandonar Heraclamon à sua própria sorte, Aureliano Augusto explicou a Malio Quilon: "*Permiti a morte daquele por cujo favor, por assim dizer, tomei Tiana. Não pude mostrar afeto algum a um traidor e por isso tolerei complacentemente que os soldados os assassinassem, pois penso que tampouco a mim tivesse sido fiel uma pessoa que traiu sua própria pátria. Enfim, a ele somente, dentre todos os que estavam submetidos a assédio, o campo o recebeu em seu seio. Não posso negar que era um homem rico, porém restituí seus bens aos seus filhos, para que ninguém venha a me caluniar dizendo que permiti que se desse a morte a um homem opulento, devido às suas riquezas*".[50]

O Imperador romano teria que enfrentar o exército de Zabdas concentrado em Antioquia, a capital de Coele-Síria, ou Celesíria, para defender a linha do Orontes. Sabendo que por onde as tropas de Aureliano haviam passado ele seria derrotado porque a população era favorável a Roma, Zabdas optou por este local (Antioquia), uma vez que a vitória abrangeria toda a Síria setentrional, calculava ele.

Por outro lado, as armas de combate eram desiguais entre as duas forças inimigas. Aureliano contava, sobretudo, com a infantaria nas regiões de Mésia, Panônia, Rética e Nórdica. Uma excelente cavalaria ligeira, que o próprio Aureliano formara, deveria auxiliar a infantaria nos combates. Seu exército não possuía arqueiros, nem cavalaria pesada, sendo estes os maiores recursos dos palmirenses. Kátia Curtis compara o exército de Zenóbia no século III aos exércitos medievais "*tanto no ponto de vista tático quanto no armamento: à frente formavam os arqueiros a pé e, atrás, concentrava-se a importante massa dos cata-*

---

[50] Vicente Picón e Antonio Cascón p. 632 — História Augusta Edición de (Flavio Vobisco Siracusano, p.632) disponível em http://books.google.com.br/books Disponível em 23.0-8.2010.

fractários cobertos com pesadas vestes de ferro, prestes a cair sobre o inimigo, quando os fardos e as flechas dos homens a pé já haviam arrefecido o ardor do primeiro embate." Zabdas guarneceu com os arqueiros a margem meridional do Orontes e concentrou a cavalaria em local estratégico, encarregando-a de combater os romanos sobreviventes ao primeiro combate dos arqueiros, conseguindo atravessar o rio. Mas esta estratégia malogrou, pois, ao agir com muita rapidez, na tomada de Tiana, Aureliano bateu a cavalaria palmirense em Antioquia, numa cruenta batalha em que as forças bélicas de Zenóbia não apresentaram o habitual desempenho. A batalha seguinte ocorreu no entorno do rio Orontes. Aureliano não agiu conforme Zabdas calculara. Não cruzou o rio na primeira investida e atraiu os cavaleiros palmirenses para a margem setentrional do rio dando a entender que suas tropas estavam se debandando. A cavalaria ligeira romana avançou rapidamente e esmagou os soldados de Zenóbia ali concentrados enquanto a infantaria atravessava o rio pela margem oposta.

Zabdas reuniu os sobreviventes a fim de executar um plano desesperado. Simulando ter-se saído vitorioso, entrou em Antioquia, avançou para Coele-Síria a conduzir como seu prisioneiro um homem trajado conforme Aureliano. Vendo cativo o imperador, a população alimentou o exército de Zabdas e o ajudou a reorganizar precariamente o exército. Ao anoitecer, fugiu com seus homens sem ser notado, enganando a crédula população. E o general de Zenóbia correu para Emese, onde pretendia reorganizar suas tropas. Os planos da Augusta Rainha fracassaram devido ao esgotamento de suas tropas, perseguidas pela cavalaria de Aureliano. Embora fortemente equipadas, suas tropas naquele momento se encontravam em situação inferior. Cercados pela infantaria romana, muitos cavaleiros palmirenses iam sendo massacrados, restando-lhes, como única opção, o refúgio na cidade. A rainha reuniu o conselho de guerra, que decidiu concentrar-se em Palmira.

Aureliano neste momento já entrava triunfalmente em Antioquia. Zósimo afirma que nem a presença de Zenóbia injetou ânimo às suas tropas exauridas. Zenóbia estava definitivamente derrotada. Aureliano entrou em Emese, a capital da Síria Fenícia, visitou o templo do deus solar Elagabale, ao qual fez oferendas por atribuir-lhe a honra da vitória. Na verdade, ele dedicava um culto especial ao Sol Invictus. Não tardou a dirigir-se a Palmira, através do deserto, onde seu exército sofreu com o calor do verão e com os ataques dos beduínos. No final de uma semana, alcançou Palmira, que Zenóbia fortificara às pressas, guarnecendo as muralhas com máquinas de guerra e com arqueiros instalados nas altas torres funerárias cujas ruínas são encontradas ainda hoje no entorno da cidadela adormecida.

O intrépido romano empreendeu um cerco ordenado para vencer um adversário decidido a salvar a sua independência. Zenóbia recorreu a Sapor (ano 272), mas Aureliano dispersou a preço de ouro as tropas que lhe foram enviadas e os beduínos que o perseguiam. Do alto das muralhas os sitiados crivavam os invasores com suas flechadas certeiras. Ironizado pelo Senado por estar sendo derrotado por inimigo comandado por uma mulher, Aureliano replicava: "*Ah! Se eles soubessem qual é a mulher que eu combato! E o que dirá a História se eu for vencido por Zenóbia!*"

Exausto, Aureliano enviou uma carta a Zenóbia exigindo sua rendição e prometendo preservar-lhe a vida. Eis o teor da mensagem:

"*Aureliano, imperador da urbe romana, que recobrou o Oriente a Zenóbia e aos demais que a ela estão unidos em aliança para a guerra, deveis fazer por própria iniciativa o que agora mando em minha carta. Pois ordeno a rendição, prometendo a vida com total liberdade, de tal maneira que tu, Zenóbia, possais passar teus dias com os teus onde eu te instalarei de acordo com o que me dita nosso prestigioso Senado. Entrega ao erário romano as pedras preciosas, o ouro, a prata, os cavalos e a seda. Aos palmirenses se conservará seus direitos".*

Zenóbia respondeu ao Imperador com mais altanaria e insolência do que lhe permitia a sua real situação política, provavelmente movida pelo temor:

"*Zenóbia, rainha no Oriente, a Aureliano Augusto: Até agora ninguém, salvo tu, é capaz de pedir por carta o que tu exiges. A valentia deve ser o motor de qualquer ação bélica. Pedes minha rendição como se ignorasses que a rainha Cleópatra preferiu morrer a viver sem a merecida dignidade. A nós outros não faltarão os auxílios dos persas que já estamos esperando, a nosso favor estão os sarracenos e também os armênios. Aureliano, os ladrões da Síria derrotaram o seu exército. Que mais? Porque, se chegar aquele contingente de tropas que esperamos de todas as partes, então afrouxarás sem dúvida esse cenho arrogante com o qual agora exiges a minha rendição, como se fosses um vencedor universal.*"[51]

Vicente Picón e Antonio Cascón afirmam que esta carta foi traduzida para o grego por Nocômano a quem Zenóbia ditara na língua síria. Pois foi em grego que a carta de Aureliano chegou a Zenóbia.

Um pormenor à primeira vista sem importância, mas a História registra que Aureliano atribuiu a Longino o teor da resposta de Zenóbia, por não ignorar o poder que o mesmo exercia sobre sua adversária. Dentre os intelectuais que frequentavam a corte de Zenóbia, Longino se sobressaía pelo saber e competência, já referidos acima, e por isso Aureliano o acusou.

Dentre os impasses que atribulavam a rainha do deserto, surgiu uma questão material que ela não estava em condições de contornar: os alimentos começam a escassear e Zenóbia

---

[51] Idem, p. 10.

decidiu render-se, juntamente com Sapor; entretanto, a nobre guerreira conseguiu fugir da cidade com um débil cortejo e, sobre um camelo, chegou às margens do rio Eufrates. Ao embarcar, Zenóbia foi recapturada e restituída a Aureliano pelos cavaleiros romanos que a perseguiam. Tornada prisioneira, foi logo instaurado um processo contra ela em Emese.

Privada de sua rainha, exausta pelo longo cerco, dividida pelos partidários da paz a qualquer preço, Palmira capitulou em agosto de 272, e as negociações foram conduzidas por um membro da cúria de Palmira, Septimius Haddudam.

Aureliano tomou Palmira de assalto e perdoou Zenóbia, mas não a Longino, a quem condenou à morte, conforme relatou Zósimo. A partir desta decisão, dizem que o filósofo não demonstrou qualquer sinal de medo: preparou-se para morrer conforme seus próprios ensinamentos e ainda consolou os amigos dizendo, em outras palavras, que a terra não deveria ser considerada como um grande cárcere e, por isso, aquele que encontrasse oportunidade de recuperar a liberdade deveria considerar-se felicíssimo.

Vitorioso, Aureliano entrou triunfalmente na cidade. Contrariando a promessa que fizera aos soldados quanto à pilhagem de Palmira, proibiu o saque e conduziu o tesouro da rainha e de seus conselheiros para Emese. Retomou o caminho de volta com Zenóbia e uma parte de seus filhos. Há controvérsias a respeito do destino de Zenóbia: de acordo com Zósimo, ela morreu no caminho, doente, ou por recusar qualquer forma de alimento. Contudo, a História Augusta dá outra versão para o fato.

Aureliano teria deixado uma guarnição de seiscentos arqueiros em Palmira. Ao chegar ao Danúbio empreendera combate aos *carpos*. O grupo de independência, sob o comando de um certo Apsaeus, se revolta contra Roma e massacra a guarnição. É proclamado imperador de Palmira um parente de Zenóbia, chamado Antíoco, possivelmente Antíloco, pai da rainha. Aureliano, advertido por Marcellinus, o governador da Mesopotâmia, a respeito do que se tramavam em Palmira, na primavera de 273, retorna às pressas, penetra sem resistência na cidade a fim de evitar que ela seja saqueada. Sem distinção de gênero ou idade, a população é cruelmente massacrada. A destruição não atingiu todos os edifícios. Segundo a História Augusta, o imperador destinou alguns soldados reformados para a restauração do templo do Sol Invictus, referido em parágrafo anterior, deus ao qual ele dedicaria um santuário em Roma no ano seguinte e que seria mais tarde adorado pelo imperador Constantino.

No Egito, um usurpador aliado de Zenóbia tomou o poder. Aureliano restabeleceu sua autoridade, depois se dirigiu para a Gália, onde venceu Tétricus, um gaulês que se proclamará imperador.

Figura 4: AURELIANUS Imperador — 270 a 275 d.C. (Lvcivs Domitivs Avrelianvs). Figura © 1999/2004 — Emerson Luiz de Faria.

Em 274, o imperador chega finalmente a Roma, onde celebra um triunfo sem precedentes, do qual participaram os senadores e o exército e também os elefantes e as feras. Nesta versão, tal como pretendiam submeter Cleópatra à execração pública, em meio ao cortejo dos cativos, marchavam Tétricus e Zenóbia. Ornamentada como uma rainha, desfilava coberta de correntes de ouro. Pelo aparato, parecia que ela caminhava para o seu próprio triunfo em Roma. O certo é que Aureliano entregava ao Império Romano uma das cidades mais ricas da região, tendo restaurado o prestígio de Roma na Síria e a supremacia do exército ocidental.

A História Augusta e a de outros autores argumentam que Zenóbia foi, em seguida, exilada em Tívoli ou se casou com um senador, levando a vida de uma dama romana. Segundo Malalas, cronista sírio do século VI e adepto do monofisismo, Aureliano a fez decapitar depois de seu triunfo, mas esta tradição não está comprovada.

6

CONCLUSÃO

Elisa, Cleópatra e Zenóbia não podem ser consideradas personagens representativas de seus respectivos tempos, se considerarmos o *status* sociopolítico a que pertenciam — a mais alta instância daquelas sociedades pretéritas. Por força das circunstâncias hereditárias ou por seus caracteres, temperamento e ambição, elas chegaram ao trono.

Elisa se torna célebre na pena de Virgílio, considerando que na história de Cartago os feitos do General Aníbal superam a conquista da rainha fenícia. Até onde foi possível observar, Elisa se presta a inferências e enriquece a imaginação de ficcionistas, é personagem literária, estando a sua verdadeira história encerrada em enigmas.

Plutarco, o principal biógrafo de Cleópatra, às vezes se deixa levar por seus próprios critérios, ao que parece, sem omitir a trajetória daquela rainha egípcia. Cleópatra, apesar do poder e da perspicácia, não consegue seduzir Otávio com seus naturais atrativos, tornando-se prisioneira deste triúnviro sem realizar o sonho de se tornar rainha de Roma. Sobrevive na imaginação e na criatividade de seus cronistas em busca de sua verdadeira história.

Odenato II toma Zenóbia como sua segunda esposa. É um homem ambicioso e perspicaz, mas, conforme inferem os cronistas, por influência da própria Zenóbia, é derrotado e morto juntamente com Herodes, seu filho e herdeiro do trono de Palmira, e ela o sucede regendo em nome do filho que tivera de Odenato II, Wahballato, herdeiro e menor para o cargo.

Zenóbia é vítima de sua desenfreada aspiração expansionista. Tudo o que conseguiu em apenas dois anos de reinado ela perdeu por confiar muito em suas estratégias bélicas postas em prática por seus poderosos generais. Desaparece do cenário político humilhada e só, da mesma forma como desapareceu Cleópatra, suposta consanguínea da rainha do deserto.

Elisa e Cleópatra não representam a sociedade a que pertenceram como um todo, mas o estudo de suas vidas recupera um tempo em que os deuses eram muitos e os nobres os cultuavam com sacrifícios cruentos, erigiam-lhes suntuosos templos. Zenóbia vive entre o judaísmo, o ocaso dos cultos aos deuses e a tentativa de estruturação e domínio do cristianismo. Este, ao absorver continuamente um maior número de fiéis, se alastra pelo oriente e pelo ocidente; mantém-se firme perante as perseguições dos governantes romanos e, cinquenta e três anos após a derrota de Zenóbia, acabará atraindo a atenção de Constantino que o adota como credo oficial do Império Romano em 325, apesar de continuar cultuando o Sol Invicto, a mesma divindade cujo templo foi restaurado em Palmira por Aureliano.

Zenóbia, na verdade, é um enigma cujo real destino continua sendo negado para a História. Uma rainha que, observando o marido em sua valentia, aprendeu a lutar pelo poder e soube aplicar tal conhecimento em sua vida pessoal. E assim desaparece misteriosamente do palco ao qual tanto aspirou e onde brilhou na mesma proporção em que se apagou num caminho sem volta.

A rainha do deserto suscita discussões sobre a implantação, a oficialização e a perpetuação do cristianismo no oriente e no ocidente, tendo em vista a atuação contemporânea de seus melhores amigos, ou conselheiros, e suas implicações perante os representantes do poder a que estavam subordinados. Conviveu com autoridades eclesiásticas, contrariou dogmas e perdeu o poder para o Império Romano.

Estas mulheres são, na verdade, representativas de um microcosmo político e social de seus respectivos momentos. As mulheres da nobreza tinham obrigações particulares, às vezes substituam o mandato de seus pais ou maridos enquanto as demais se afundavam na obscuridade da vida tediosa que a mentalidade masculina lhes determinara. Havia exceções, mas estas extrapolam o segundo plano proposto para a realização deste trabalho.

Assim, as rainhas com as quais nos ocupamos são representativas da evolução ou involução de seus reinos, como ocorreu com os reinos de Cleópatra e Zenóbia. As prerrogativas de cada uma eram compatíveis com o que a política administrativa lhes permitiu. Quando se sentiram em perigo, todas souberam apelar para seus mais secretos poderes, ou perfídias, subjugando os homens à sua volta, em defesa daquilo que julgaram ser o direito pelo que deveriam lutar.

Este trabalho não é definitivo, tendo em vista a carência documental e o espaço temporal e cultural que separam cada uma das personagens objeto desta reflexão. Rainhas singulares, mas ao mesmo tempo comparáveis em alguns aspectos, como na sedução e na majestade, exceto no amor.

REFERÊNCIAS BIBLIOGRÁFICAS

ALTAVILA, Jayme. *Origem dos Direitos dos Povos*, 6ª ed., São Paulo: Ícone, 1995.

ARCELLASCHI, André. "*Virgile «dramaturge», Énée et Didon*. Naissance, fonctionnement et survie d'un mythe, Paris: MARTIN, R., Centre National de la Recherche Scientifique, 1990.

ARISTÓTELES, *A poética clássica/Aristóteles, Horácio, Longino* (trad. Jaime Bruna), 6ª ed., São Paulo: Cultrix, 1995.

ARISTÓTELES. *A Política* (Trad. Nestor Silveira Chaves), 5a. ed., São Paulo: Atena Editora, s/d, Biblioteca Clássica, vol. XIX.

ARISTÓTELES. *Poética* (Tradução e Notas de VALENTE, Ana Maria), Lisboa: Fundação Calouste Gulbenkian, 2004.

ARRUDA, José Robson de. *Historia Antiga e Medieval*. São Paulo: Ática, 1987.

AYMARD, André e AUBOYER, Jeannine. *História geral das civilizações: Roma e seu Império*. (Trad. Pedro Moacyr Campo), São Paulo: Difusão Europeia do Livro, vol. 2, 1956.

BARKAI, Ron. *El enemigo en el espejo*. Madrid: Rialp, S.A., 2007.

BARROSO, Maria do Sameiro. *A glória das mulheres de cabelos ondulados*. Algumas reflexões sobre a História das Mulheres na Antiguidade. FE.CEM-UNL, Revista Faces de Eva. Estudos sobre a Mulher. N°16, 2009.

BLOCH, Marc. (Trad. Júlia Mainardi) *Os Reis Taumaturgos: o caráter sobrenatural do poder régio, França e Inglaterra,* São Paulo: Companhia das Letras, 1993.

BOUNNI, Adnan et ALAS Ad, Khaled. *Palmyre – Histoire, monuments et Musee*, Damas (Syrie) L'Imprimerie Dar-el-Fikr, 1982.

BRADFORD, Ernle. *Cleópatra,* (trad. Daniel Neiva), São Paulo: Ediouro, 2002.

CAMÕES, Luis de. *Os Lusíadas*, Canto IX. 3ª Ed., São Paulo: Cultrix, 1974.

CANTÚ, Césare. *História Universal*, São Paulo: Editora das Américas, (vols. Segundo, Terceiro e Quinto), s/d.

CERAM, C.W. Deuses, Túmulos e Sábios (trad. João Távora), 11ª. Ed., São Paulo: Melhoramentos, 1964.

CHAVES, Flávio Loureiro. *História e Literatura,* 3ª ed. ampliada, Porto Alegre: Ed. Universidade/UFRGS, 1999.

CIRLOT, Eduardo. *El libro de Cartago* (Prólogo de Carlos Edmundo de Ory) Barcelona: Edición de Victoria Cirlot Igitur, 1998. http://www.revistadelibros.com/articulos/algo-con-forma-de-alguien Disponível em 10.11.2012.

CURTIS, Kátia Maria Furtado de Mendonça e ASSUNÇÃO, Paulo de (org.). *Zenóbia — uma vassala de Roma,* São Paulo: Arké/UNIFAI, 2005.

DURAND, Gilbert. *As estruturas antropológicas do imaginário*, São Paulo: Martins Fontes, 2001.

FERNANDES, Dirce Lorimier. *Rainhas: entre a realidade e a imagem do poder*, São Paulo: Clube dos Autores, 2012.

FRANCO, José Eduardo e ASSUNÇÃO, Paulo de. *As metamorfoses de um polvo*, Lisboa: Prefácio, 2004.

FRANCO, José Eduardo e CABANAS, Maria Isabel Morán. *O Padre António Vieira e as mulheres* – o mito barroco do universo feminino, São Paulo: Arké, 2008.

GAULIKOWSKI, M. *Thapsacus and Zeugma: the Crossing of the Euphrates in Antiquity*, Iraq: 58, 1996.

GIANASTÁCIO, Vanderlei. Primórdios de Cristianismo. In: ASSUNÇÃO, Paulo de e FERNANDES, Dirce Lorimier. *Religiões e Religiosidades: leituras e abordagens*, São Paulo: Arké, 2007, p. 35-60.

GIANASTACIO, Vanderlei. *Uma Igreja que faz e acontece:* Responsabilidade social, cidadania e serviço à luz do Novo testamento, São Paulo: Vida Nova, 2006.

GIORDANI, Mário Curtis. *História da Antiguidade Ori*ental, 12ª ed, São Paulo: Vozes, 2003.

HARDAN, Nauaf. *O Cartaginês*, São Paulo: Edicon, 1984.

HESÍODO. Teogonia – *A origem dos deuses.* Estudo e tradução de Jaa Torrano, 3ª Ed., São Paulo: Iluminuras, 1995.

HOURS-MIÉDAN, Madeleine. *Carthage*, 6ª ed., Paris: Presses Universitaires, 1997.

HOUSSAYE, Henrique. *Três rainhas do amor* — Aspásia — Cleópatra — Teodora, São Paulo: Paumape, 1990.

LISSNER, Ivar. *Assim viviam nossos antepassados*, (trad.) Rio de Janeiro: Itatiaia, 1959.

MARÃO, Públio Virgílio. *A Eneida,* (trad. Nicolau Firmino), Lisboa: Livraria Simões, 1955.

MARTINS, Oliveira. *Mitos da religião*, São Paulo: Madras, 2004.

MELLA, Federico A. Arborio. *O Egito dos Faraós*— História, civilização, Cultura. (Trad. Attílio Cancian— título original: L'Egitto dei Faraoni — Storia, civilità, cultura). São Paulo: Hemus, 1981.

PERRET, J. *Énéide,* Paris: Belles Lettres, 1981-1987.

PINHO, Sebastião Tavares de. *A tradição do símile homérico e o seu lugar na epopeia virgiliana.* Humanitas 47, 1995, p 499-530.

PLUTARCO. *Alexandre e César*, Vol. IV, 5ª ed., São Paulo: Atena, s.d.,

PLUTARCO. *As vidas dos homens ilustres* (trad. do grego por AMYOT — trad. brasileira do Padre Vicente Pedroso), São Paulo: Editora das Américas, s/d.

PÚBLIO, Virgílio Marão. *A Eneida* (tradução de Nicolau Firmino), Lisboa: Livraria Simões, 1955.
RENAN, Ernest. *Etudes d'histoire religieuse*, Paris: Gallimard, 1992.
ROBERT, Micro. *Dictionaire de Culture Générale,* (Poche 2) Paris, 1990.
ROXO, Roberto Mascarenhas. *Pomponio Mela e De Situ Orbis* (org. Paulo de Assunção), São Paulo: UNIFAI Editora, 2005.
RUBIAL, Antonio. *Los libros del deseo*, México: Ediciones Equilibrista, 1996.
SARTRE, Jean-Paul. *A imaginação*, São Paulo: Difusão Europeia do Livro, 1973.
SARTRE, Maurice. *D'Alexandre à Zénobie* – histoire du levant antique –VIe siècle av. J.C. — IIIe siècle ap. J.C., Paris: Fayard, 2001.
SHAKESPEARE,William. Antony and Cleopatra, In : *The Complete works of William Shakespeare*, London & Glasgow: Collins Clear-Type Press, 1923, p.889-928.
SIMONETTI, M. "*Paulo de Samósata*". Dicionário Patrístico e de Antigüidades Cristãs. Petrópolis: Vozes, 2002.
SPINA, Segismundo. *Introdução à poética clássica*, 2ª ed., rev., São Paulo: Martins Fontes, 1995.
VERNANT, Jean-Pierre. *Mito e religião na Grécia antiga* (trad. Constança Marcondes Cesar), Campinas, SP: Papirus, 1992.
PICÓN, Vicente e CASCÓN, Antonio. *História Augusta* http://books.google.com.br/books Disponível em 23.08.2010.
VIRGILIO. *A Eneida*, livro IV, (Trad. Manuel Odorico Mendes), Vol. XLII, 3ª ed., São Paulo: Atena Editora, s/d.
WERTHEIMER, Oscar von. *Cleópatra — a mulher mais genial da história* (trad. Marina Guaspari), São Paulo: Globo — Círculo do Livro, 1974.
YOUCENAR, Marguerite. *Memórias de Adriano* (trad. Marta Calderano). Rio de janeiro: O Globo/São Paulo: Folha de S. Paulo, 2003.

Pesquisa Eletrônica:

http://www.revistadelibros.com/articulos/algo-con-forma-de-alguien Disponível em 10.11.2012.
http://antiguidadetardia.blogspot.com/2008/05/historiografia-grega-crist.html Disponível em 08.09.2010.
http://pt.encydia.com/es/Dido disponível em 27.03.2012.
http://www.starnews2001.com.br/cleopatra.html Disponível em 08.09.2010.
http://pt.wikipedia.org/wiki/Cartago — disponível em 22.03.2012
www.ebrisa.com/portalc/ShowArticle.do?source Disponível *em* 23.08.2010.
http://books.google.com.br/books Disponível em 23.08.2010.

Mapa: Império Romano (amarelo)[52]

---

[52] Ficheiro: Augusto 30 a.C.-6dC 55%CS.jpg. É concedida permissão para copiar, distribuir e/ou modificar este documento nos termos da licença GNU Free Documentation License, Versão 1.2 ou qualquer versão posterior publicada pela Free Software Foundation; sem Secções Invariantes, sem textos de capa e sem textos de contracapa. É incluída uma cópia da licença na secção intitulada *GNU Free Documentation License.*

Coleção Sentimento do Mundo (poesia):

1. TRATADO DOS ANJOS AFOGADOS
   Marcelo Ariel

2. O HOMEM DESERTO SOB O SOL
   Edivaldo de Jesus Teixeira

3. ANIMA ANIMALIS – VOZ DE BICHOS BRASILEIROS
   Olga Savary

Coleção Boca de Luar (crônica):

1. UMA GARÇA NO ASFALTO
   Clauder Arcanjo

Próximos lançamentos:

O TRIBUNAL (romance)
Álvaro Alves de Faria

OS VIRA-LATAS DA MADRUGADA (romance)
Adelto Gonçalves

SIM SINHOR, INHOR SIM, POIS NÃO... (romance)
Antonio Possidonio Sampaio

POEIRA E ESCURIDÃO (conto)
João Batista de Andrade

CAVALOS SELVAGENS (romance)
Silas Corrêa Leite

SOMBRAS SOBRE A TERRA (romance)
Francisco Paco Espinola

OS DE BAIXO (romance)
Mariano Azuela

AS MARGENS E O CENTRO (ensaio)
Olga Savary

Esta obra foi impressa pela Gráfica EME, Av. Brig. Faria Lima, 1080, V. Fátima, Capivari, Estado de São Paulo, Brasil, para a Associação Cultural Letra*S*elvagem, em julho de 2014.